Hildegard Jakobs
Dr. Benedikt Mauer
Anna Schlieck
Immo Schatzschneider

BRAND-GEFÄHR-LICH

DIE DÜSSELDORFER FEUERWEHR 1933–1945

C.W. LESKE
VERLAG

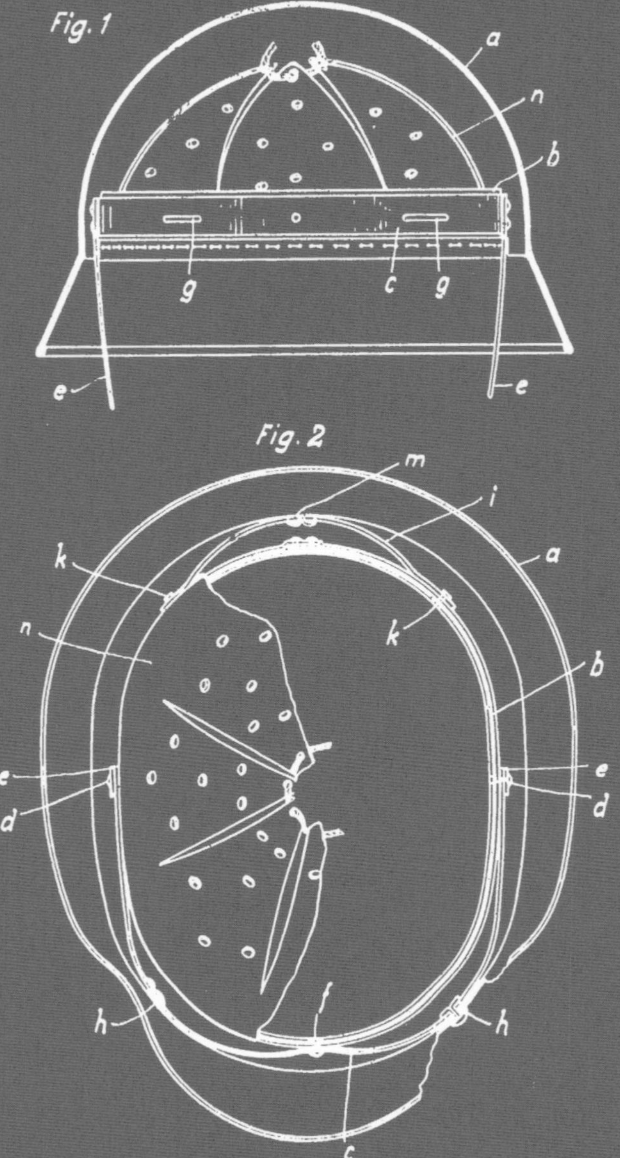
Fig. 1
a
n
b
g
c
g
e
e
Fig. 2
m
i
a
k
k
n
b
e
e
d
d
f
h
h
c

INHALT

VORWORT

In der mehr als 150-jährigen Geschichte der Düsseldorfer Berufsfeuerwehr gab es lange Zeit einen blinden Fleck. In Chroniken, Bildbänden oder Zeitschriften wurde die Zeit zwischen 1933 und 1945 zwar aufgegriffen, eine konsequente und transparente Aufarbeitung der eigenen Rolle in dieser Zeit hat aber nie wirklich stattgefunden.

Die Motive dazu waren mit Sicherheit vielfältig: Die Angst vor der Wahrnehmung institutioneller aber auch individueller Schuld. Das schmerzhafte Erkennen nicht gehandelt zu haben, als man eigentlich dazu verpflichtet war. Das unangenehme Realisieren, dass überlieferte Helden- und Widerstandsgeschichten doch nicht stimmen. Der Wunsch, diese grausame Zeit schnell hinter sich zu lassen. Oder auch einfach nur, um Karrieren im öffentlichen Dienst trotz persönlicher Beteiligung an den Gräueltaten nicht zu gefährden.

Die Ausstellung „Brandgefährlich" macht die Geschichte der Feuerwehr Düsseldorf nun endlich transparent und ermöglicht es uns, Antworten auf viele offene Fragen zu finden. Als Leiter der Feuerwehr aber auch als Bürger in dieser Stadt bin ich der Mahn- und Gedenkstätte und dem Stadtarchiv sehr dankbar für die aufwändige Recherche, das detaillierte und sorgfältige Zusammentragen von Fakten und das Kuratieren der Sonderausstellung. Sie macht die Rolle der Feuerwehr Düsseldorf in der Zeit des Nationalsozialismus greifbar. Sie zeigt anhand von gesellschaftlichen Ereignissen in Düsseldorf, Einsätzen der Feuerwehr und individuellen Biographien, wie sich eine Institution innerhalb kürzester Zeit in den Unrechtsstaat eingliedert.

Sie zeigt, wie die Feuerwehr Düsseldorf an politisch motivierten Einsätzen teilnahm, bei der Vorbereitung von Deportationen unterstützte, wie sich die Feuerwehr auf den Bombenkrieg vorbereitete und in den Bombennächten versuchte, Brände zu löschen. Sie verdeutlicht, wie Einsatzkräfte der Feuerwehr aktiv an Kriegshandlungen teilnahmen. Und wie die Feuerwehr als Institution schwieg und mitmachte. Aber auch, wie Einsatzkräfte menschlich blieben oder aufgrund ihrer politischen Einstellung selbst unter dem Unrechtssystem litten.

Sehr deutlich wird die Mitwirkung an den Verbrechen im Kontext der Novemberpogrome 1938. In Düsseldorf werden Wohnungen und Geschäfte geplündert, jüdische Mitbürgerinnen und Mitbürger brutal misshandelt und ermordet. Die Synagoge wird angezündet und die Feuerwehr löscht sie nicht - achtet wohl aber darauf, dass das Feuer nicht auf die Nachbargebäude übergreift. Immer wieder unterstützt die Feuerwehr bereitwillig den staatlich initiierten Völkermord. Mit Transporten von Kranken und gebrechlichen Menschen zum Deportationsbahnhof geht es nicht mehr „nur" um ein bewusstes Ignorieren, sondern um die aktive Beteiligung am Holocaust. Wie sollen die leidenden und verfolgten Menschen in der Stadt nach diesen Ereignissen der Feuerwehr noch vertrauen?

Der Diskurs zu diesen nun sichtbaren Fakten ist nicht leicht. Wir müssen erkennen, dass ein noch so moralischer Zweck einer Organisation nicht zu einer in sich verankerten Resilienz führt, die das Verüben von Unrecht verhindert. Die Feuerwehr stellte schon immer die Hilfe am Nächsten in ihren Mittelpunkt und verschmolz dennoch mit einem Unrechtssystem.

Die Ausstellung und die vorliegende, aus ihr hervorgegangene Publikation ermöglichen nun einen öffentlichen Diskurs. Bürgerinnen und Bürger sollen erleben können, wie sich die Feuerwehr in unserer Stadt damals verändert hat.

Die Opfer des Nationalsozialismus haben einen Anspruch darauf, zu wissen, wer an den Verbrechen beteiligt war.

Die Erkenntnisse mahnen und zeigen uns, wie wichtig es ist, Nationalsozialismus in jeglicher Form früh zu erkennen und nie wieder zuzulassen. Es ist an uns, Lehren daraus zu ziehen und uns gemeinsam konsequent gegen ein erneutes Erstarken des Bösen zu stellen.

Rechtspopulistische Äußerungen werden gesellschaftlich aktuell wieder akzeptiert. Nationalistische Positionen und einfache ausgrenzende Maßnahmen als Antwort auf komplexe gesellschaftliche Herausforderungen erhalten viel Zustimmung.

Es ist daher umso wichtiger, dass wir alle für unseren demokratischen Rechtsstaat einstehen. Der Rechtsstaat, der sich dem Grundgesetz verpflichtet sieht. Ob institutionell oder individuell. Insbesondere in den Verwaltungen unseres Rechtsstaates muss man sich seiner Verantwortung bewusst sein.

Düsseldorf im Dezember 2023

VON DER LIETH

David von der Lieth
Leiter der Feuerwehr Düsseldorf

PROLOG

2022 feierte die Düsseldorfer Berufsfeuerwehr das 150. Jahr ihres Bestehens. Anlässlich dieses Jubiläums regte sie eine Ausstellung an, die sich mit ihrer bisher noch wenig beachteten Geschichte in den Jahren des Nationalsozialismus befasst. Vornehmlich aus den Beständen des Stadtarchivs konnten bereits bekannte Aspekte stärker in den Blick genommen und neue Erkenntnisse gewonnen werden.

Die Düsseldorfer Berufsfeuerwehr – wie alle damaligen Feuerwehren von einem starken Corpsgeist geprägt und in der Bevölkerung hoch angesehen – wurde ohne Widerstand in die Diktatur integriert. Viele ihrer Mitglieder bekannten sich zum neuen System.

→ Wurde die Feuerwehr nach 1933 eine Täterorganisation?

→ Welche Aufgaben hatte die Feuerwehr?

→ Was änderte sich im Jahr 1938?

→ Wie veränderte sich das Personal nach dem Beginn des Zweiten Weltkrieges?

→ Wie war die Situation bei der Feuerwehr nach 1945?

Düsseldorfer Berufsfeierwehr im
elektromobiler Gasspritze
(Stadtarchiv Düsseldorf, 1-1-1-8120.0000)

Fig1
Fig.2
DÜSSELDORF

BRAND-U.POLIZEI
BERUFSFEUERWEHR
HAFEN
DÜSSELDORF

FEUERWEHR VOR 1933

Die heutigen Berufsfeuerwehren sind ein Kind des 19. Jahrhunderts. Ihre Entstehung ist eng mit der Industrialisierung und dem sprunghaften Bevölkerungsanstieg wachsender Städte verbunden. Bis in das ausgehende 19. Jahrhundert war die Feuerwehrorganisation in Düsseldorf größtenteils ehrenamtlich organisiert, sogenannte Nachbarschaftsverordnungen regelten die Zuständigkeiten im Brand- und Schadensfall, die städtische Polizei koordinierte im Brandfall die Löschmaßnahmen. Auf dem Turm der Neanderkirche stationierte Nachtwächter hielten bis 1878 Ausschau nach verdächtigen Anzeichen von Bränden. Als wirklich professionell konnte man diese Organisation nicht bezeichnen.

Dies sollte sich in der Nacht vom 19. auf den 20. März 1872 zeigen. Vermutlich durch einen überhitzten Ofen entstand im damaligen Schloss am Burgplatz – zu dieser Zeit von der Landesverwaltung, der Landesbibliothek und der Kunstakademie genutzt – ein Feuer. Binnen kürzester Zeit stand das gesamte Gebäude in Flammen. Noch im selben Jahr wurde eine Berufsfeuerwehr mit entsprechend ausgebildetem Fachpersonal ins Leben gerufen. Im Zusammenspiel mit den nach wie vor existierenden freiwilligen Feuerwehren und den Werksfeuerwehren, die von großen Unternehmen – zum Beispiel Mannesmann, Henkel oder Gerresheimer Glas – unterhalten wurden, entwickelte sich in der Folge eine schlagkräftige Feuerwehrorganisation.

Das stetige Wachstum der Stadt verlangte nach mehreren Feuerwehrwachen. 1933 gab es fünf für das Stadtgebiet zuständige Feuerwachen der Berufsfeuerwehr. Sieben freiwillige Feuerwehren unterstützten sie, hinzu kamen bei besonders personalintensiven Einsätzen Werksfeuerwehren großer Fabriken.

Pumpendampfer „Düssel" im Fährbetrieb. Der Dampfer war wichtig für die Düsseldorfer Feuerwehr, um bei Bränden in Oberkassel und Heerdt schnell vor Ort zu sein. (Stadtarchiv Düsseldorf, 1_1_1_8122.0014)

Feuerwehrmannschaft vor der Hafenwache (Privat)

Leiterwagen der Feuerwehr um 1907 (Stadtarchiv Düsseldorf, 1-1-1-8120.0000)

1898 – 1907

Auf dem Weg zu einer modernen Feuerwehr: zunächst werden die Löschfahrzeuge von Pferden gezogen. Damit die Ausrückzeiten verkürzt werden können, werden ab 1907 „elektromobile" Rettungsgeräte angeschafft und eingesetzt.

Mannschaft im Hof der Feuerwache in der Akademiestraße (Stadtarchiv Düsseldorf, 1_1_1_8116.0002)

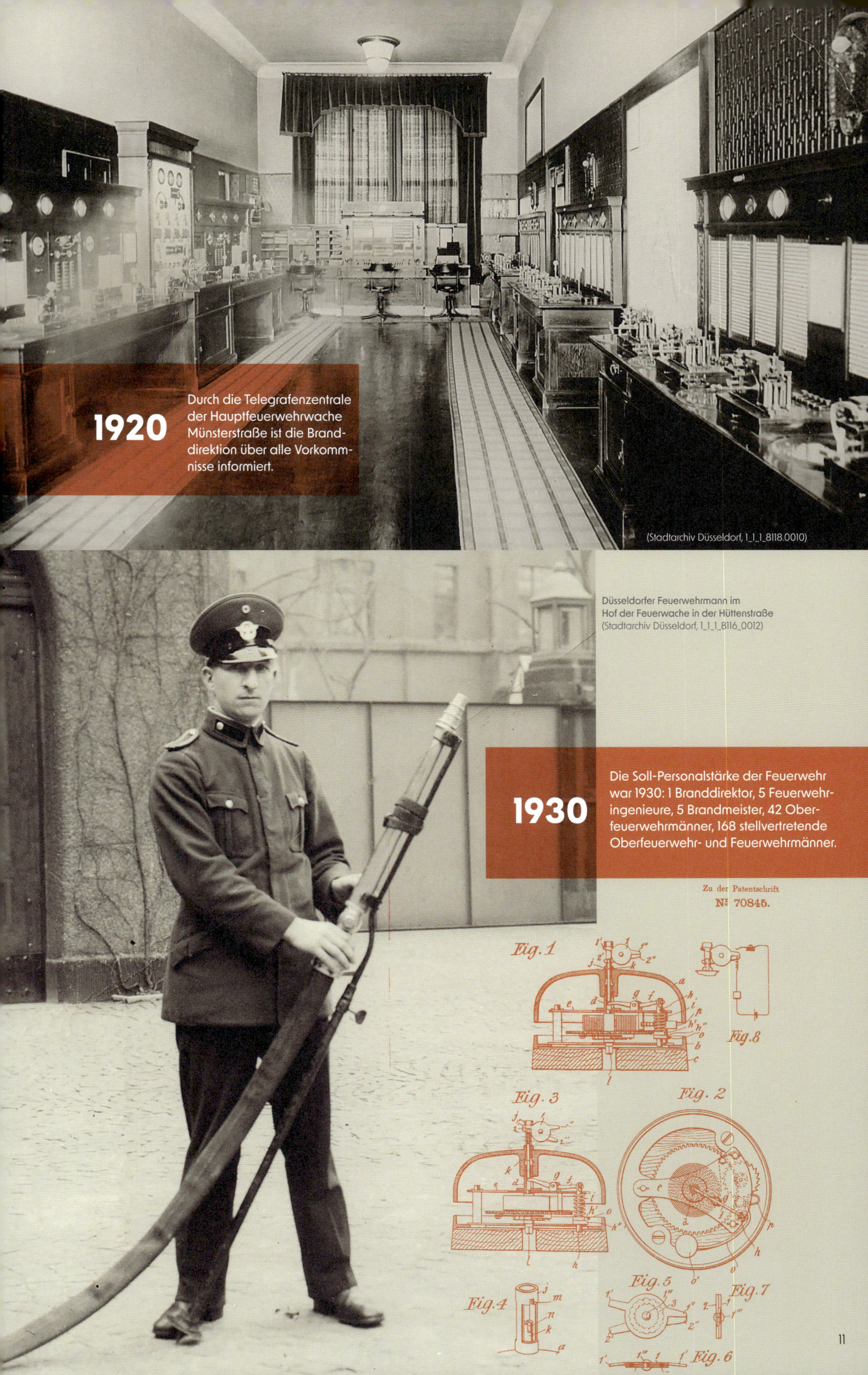

1920 Durch die Telegrafenzentrale der Hauptfeuerwehrwache Münsterstraße ist die Branddirektion über alle Vorkommnisse informiert.

(Stadtarchiv Düsseldorf, 1_1_1_8118.0010)

Düsseldorfer Feuerwehrmann im Hof der Feuerwache in der Hüttenstraße (Stadtarchiv Düsseldorf, 1_1_1_8116_0012)

1930 Die Soll-Personalstärke der Feuerwehr war 1930: 1 Branddirektor, 5 Feuerwehringenieure, 5 Brandmeister, 42 Oberfeuerwehrmänner, 168 stellvertretende Oberfeuerwehr- und Feuerwehrmänner.

DIE FEUERWACHEN

1

Feuerwache an der Akademiestraße. (Mahn- und Gedenkstätte Düsseldorf)

Akademiestraße 5

Das umgebaute Landgericht war ab 1874 die erste Wache der Berufsfeuerwehr. Bis zur vollständigen Zerstörung im Kriegsjahr 1944 befanden sich hier Werkstätten und Unterkünfte der Feuerwehrmänner, aber auch Räume für Feuerwehrgerät und Pferdeställe.

2

Feuerwache Hüttenstraße (Stadtarchiv Düsseldorf, 1_1_1_8118_0007)

Hüttenstraße 68

1898 erhielt die wachsende Großstadt Düsseldorf eine zweite Feuerwache. Mit einem Familienwohnhaus, weiteren Dienstwohnungen, einem großen Innenhof und einem Steigerturm bot sie deutlich mehr Raum für Übung und Unterbringung als die Wache in der Akademiestraße. Die zahlreichen Luftangriffe ab 1942 trafen die Feuerwache hart, die Einsatzfähigkeit der Düsseldorfer Feuerwehr wurde stark geschwächt.

3

Hauptfeuerwache an der Münsterstraße kurz nach ihrer Fertigstellung im Jahre 1911. (Stadtarchiv Düsseldorf, 025_411_001)

Münsterstraße 15

Die 1911 eröffnete Feuerwache im nördlichen Stadtgebiet war auf dem neuesten technischen Stand: eine automatische Toranlage, eine unterirdische Schlauchwäsche sowie eine moderne Telegrafenzentrale. Die Koordination der Düsseldorfer Wachen erfolgte von nun an aus der Münsterstraße, auch der Branddirektor bezog hier sein neues Büro. 1944/45 wurde die Feuerwache mehrmals Ziel von Luftangriffen.

4

Feuerwache an der Behrenstraße 74. Ansicht der Südfront, 1912 (Stadtarchiv Düsseldorf, 025_411_003)

Behrenstraße 74

Das rasante Wachstum und die industrielle Entwicklung im östlichen Stadtgebiet erforderten den Bau einer weiteren Feuerwache. 1914 wurde die Wache in Düsseldorf-Flingern fertiggestellt, verzögert durch den Ersten Weltkrieg nahm sie jedoch erst 1918 ihren regulären Betrieb auf. Im Gegensatz zu den anderen Düsseldorfer Wachen wurde die Feuerwache in der Behrenstraße während des Zweiten Weltkrieges kaum beschädigt.

5

Mannschaft der Feuerwehr vor der Hafenwache (Stadtarchiv Düsseldorf, 1_1_1_8116_0006)

Hafenwache

Die Hafenwache wurde 1906 gegründet. Den Feuerwehrmännern vor Ort oblag die wichtige Aufgabe, aufkommende Brände in den Anlagen und Lagern des Hafens einzudämmen, bis die Verstärkung aus den Feuerwachen in der Stadt nachrückte. Als stadtweit erste Wache verfügte die Hafenwache über ein motorbetriebenes Löschfahrzeug, zudem über zwei Löschboote. Finanzielle Engpässe infolge der Weltwirtschaftskrise führten 1932 zur Auflösung der Hafenwache.

6

Blick auf die Feuerwache im Benrather Schloss (Stadtarchiv Düsseldorf, 1_1_1_8116)

Wache im Benrather Schloss

Nach der Eingemeindung Benraths 1929 wurde die Feuerwache in der Friedhofstraße zum südlichsten Standort der Düsseldorfer Berufsfeuerwehr. 1930 zog sie in einen Seitenflügel des Benrather Schlosses um. Die Besetzung der „Schlosswache" war spärlich, die Finanzierung gering, sodass die Feuerwache in Benrath noch Jahrzehnte nach Ende des Zweiten Weltkrieges als Provisorium galt.

Ein Orkan über Düsseldorf

Am Mittag des Pfingstsonntags des Jahres 1924 wütete über Düsseldorf ein heftiger Orkan. Das Unwetter dauerte fast eine halbe Stunde, die Folgen waren beträchtlich. *„Am Graf-Adolf-Platz und auf der Königsallee aber hat der Sturm gar wüst gehaust. [...] die Königsalleebäume weisen Zerstörungen auf, wie sie bislang durch Unwetter noch nicht zu verzeichnen waren. Am schlimmsten hat der Sturm in Bilk gerast. [...] Wie Streichhölzer barsten die mächtigen Bäume unter der Wucht der Naturgewalt, oder sie wurden von dieser entwurzelt zur Seite geworfen. [...] Dann raste das Unwetter gegen die Eckhäuser an der Sternwart-, Harmonie- und Volmerswertherstraße, zertrümmerte fast sämtliche Fensterscheiben und riß große Löcher in die Dächer [...] In Unterbilk fiel dem Sturm der Turm der St.-Martinskirche zum Opfer, der unter ungeheurem Getöse während des Unwetters plötzlich niederging und auf das Haus Bilker Allee 2–4 stürzte, und das Dachgeschoß und das obere Stockwerk vollständig zusammenschlug. Leider fand hierbei der Ehemann der im oberen Stockwerk wohnenden Familie, Willy van Houten den Tod, während seine Frau und ein 7jähriger Junge durch die niedergehenden Balken schwer verletzt wurden.“* Ruhr-Wacht, 10. Juni 1924

Der Düsseldorfer Feuerwehr bescherte das Wetterereignis sowohl am 8. Juni selbst, aber auch in den Folgetagen viel Arbeit. Direkt ab Beginn des Sturmes liefen 27 telegrafische, 88 telefonische und 20 mündliche Hilferufe bei der Feuerwache 3 ein.

EINSATZ 8.6.1924

links: Passanten vor der Bilker St. Martins- Kirche, 8. Juni 1924 (Stadtarchiv Düsseldorf, 1-1-1-8116.0001)

oben: Ein vom Orkan am Pfingstsonntag 1924 entwurzelter Baum auf dem Schwanenmarkt (Stadtarchiv Düsseldorf, 091_400_017)

unten: Sturmschäden in Düsseldorf, 8. Juni 1924 (Stadtarchiv Düsseldorf, 1-1-1-8116.0000)

Das beim Orkan am Pfingstsonntag, dem 8. Juni 1924 durch den herabstürzenden Turmhelm beschädigte Haus Bilker Allee 2-4 (Stadtarchiv Düsseldorf, 091_400_011)

Vorführung der Düsseldorfer Feuerwehr am 40 Meter hohem Feuerwehrturm auf dem Gesolei Gelände, 1926 (Stadtarchiv Düsseldorf, 005_157_060)

EINSATZ 14.8.1926

Feuerwehrtag auf der Gesolei

Die Große Ausstellung für „Gesundheitspflege, soziale Fürsorge und Leibesübungen" (GeSoLei) lockte vom 8. Mai bis zum 15. Oktober des Jahres 1926 über 7,5 Millionen Besucherinnen und Besucher nach Düsseldorf. Die Schau auf 400.000 m² war die größte Messe der Weimarer Republik.

Die höchste Besucherzahl wurde am Tag der Feuerwehr am 14. August 1926 verzeichnet. Der leitende Architekt für das gesamte Messegelände, Wilhelm Kreis (1873–1955), hatte zusammen mit den Architekten Max Taut und Peter Behrens auch eine temporäre Feuerwache bauen lassen.

Vor und an dem 40 Meter hohen Feuerwehrturm fanden im Rahmen der „Feuerwehr-Woche" vom 14. August Vorführungen und Übungen an modernem Löschgerät, Kurse und Schauübungen der Düsseldorfer Berufsfeuerwehr statt. Der Düsseldorfer Stadt Anzeiger schrieb am nächsten Tag: *„Ganz Düsseldorf und die Ausstellung standen gestern und stehen heute im Zeichen der Feuerwehr. Wohin man sieht, trifft das Auge auf die einfache aber schmucke Uniform der Wehrmänner, die das Straßenbild bunt beleben. Wohl an 30 000 uniformierte Feuerwehrleute weilen heute in unseren Mauern."*

Branddirektor Petersen hielt am Abend im Hauptrestaurant der Ausstellung vor geladenen Gästen aus dem In- und Ausland eine viel beachtete Rede.

Sprungübung am Tag der Feuerwehr auf dem Gesolei-Gelände, 1926
(Stadtarchiv Düsseldorf, 005_157_031)

Leiter-Übung am Tag der Feuerwehr
(Stadtarchiv Düsseldorf, 005_157_030)

EINSATZ 3.5.1932

Nach dem Großbrand am Hindenburgwall 26, Ecke Elberfelderstraße, 3. Mai 1932 (Stadtarchiv Düsseldorf, 1-1-1-8116.0000)

Der Brand am Hindenburgwall

In den Nachmittagstunden erreichte die Feuerwache Akademiestraße die Meldung über einen Brand im Eckhaus Hindenburgwall 26 (heute Heinrich-Heine Allee). Auch ein zusätzlicher Löschzug aus der Feuerwache Münsterstraße rückte zu dem Brandereignis aus. Bei der Ankunft stand bereits das hölzerne Treppenhaus in Flammen. Es wurde, verstärkt durch einen weiteren Löschzug aus der Wache in der Hüttenstraße, versucht, mithilfe einer Leiter die Personen in der Mansarde des Hauses zu retten. Die Bewohnerin konnte jedoch nur tot geborgen werden. Ihr Mann und ihr Sohn hatten sich über das Dach selber vom Feuer entfernt.

Nach dem Brand wurde starke Kritik am Vorgehen des Löschzuges der Feuerwache Akademiestraße geübt. Das Aufstellen der Bergungsleiter habe zu lange gedauert, und die ersten Feuerwehrmänner seien ohne Rauchmasken aufgestiegen und mussten noch einmal nach unten, um das Rauchschutzgerät zu holen. Durch diesen Zeitverlust sei die Bewohnerin am Rauchgas erstickt.

Der für das Feuerwehrwesen der Stadt Düsseldorf zuständige Beigeordnete Dr. Haas nahm nach Prüfung des Vorgangs die Feuerwehr und Branddirektor Petersen in Schutz. Der schwer verletzt überlebende Ehemann der zu Tode gekommenen Frau verklagte im Juni 1932 die Besitzer der Immobilie (Firma Warenhaus L. Tietz und die Firma Lichthaus Pauly).

2/5 Düsseldorf, den 29. Juni 1932.
Schadowstraße 50

An die
Leitung der Städt. Feuerwehr,
Düsseldorf.

Herr Matthias Geibel, Düsseldorf, z.Zt. Theresien-Hospital, hat mich beauftragt, seine Rech[te] gegen die Firma Tietz A.G. und gegen die Firma Lichthaus Pauly wahrzunehmen. Herr Geibel war Mieter der Wohnung Hindenburgwall 26^{IV}, die bekanntlic[h] vor einiger Zeit ausgebrannt ist. Frau Geibel ist bei dieser Gelegenheit zu Tode gekommen.

Ich bitte Sie namens des Herrn Geibel, mir Angaben über die Entstehungsursache des Feuers zu machen. Herr Geibel erblickt eine Fahrlässigkeit der Firmen Tietz A.G. und Pauly darin, dass leicht brennbares Packmaterial um Hausfluß, im Keller, auf der Kellertreppe, unter den Gasmessern usw. mit Wissen und Willen der beiden Firmen gelagert hat. Für eine baldige Antwort wäre ich Ihnen besonders dankbar.

Hochachtungsvoll

Rechtsanwalt.

30/6. 32.

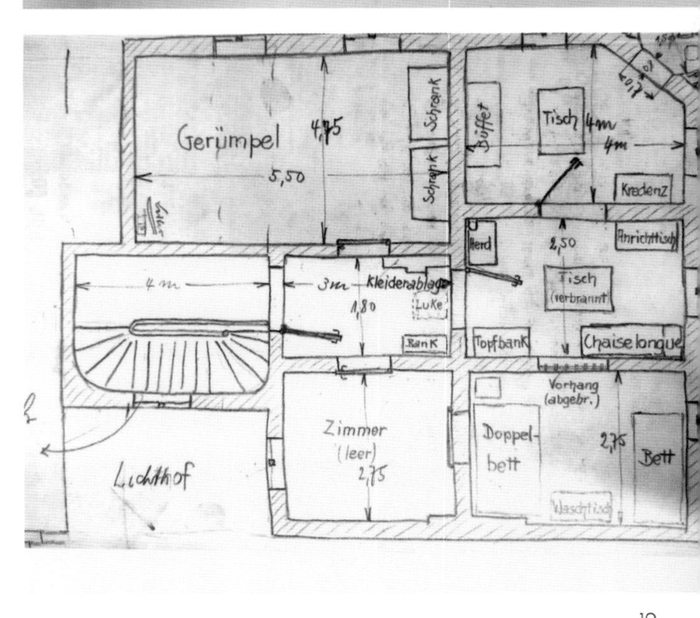

oben: Anwaltsschreiben an die Leitung der Städtischen Feuerwehr, 29. Juni 1932

Skizze der Feuerwehr zur Ermittlung der Brandursache, 1932
(beide Stadtarchiv Düsseldorf, 0-1-4-417.0000)

FEUERWEHR

1933

Schon im ersten Jahr der Machtübernahme veränderte sich der Alltag für die Düsseldorfer Feuerwehrmänner spürbar: Die Einführung des „deutschen Grußes", des Hakenkreuzes und weiterer Symbole sollten unmissverständlich klarmachen, dass die Nationalsozialisten und ihre Ideologie immer und überall präsent waren. Grundlegende Änderungen im Organisationsapparat durch das „Gesetz über das Feuerlöschwesen" (1933) führten den Feuerwehrmännern vor Augen, dass sich Selbstverständnis und Aufgaben ihrer Institution von nun an wandeln würden.

„Am 23.3.1933 trat das gesamte Feuerwehrkorps an der Hauptwache zu einem Appell an, bei dem der Gauleiter, Herr Staatsrat Florian das Wesen des Nationalsozialismus darlegte und auf die Aufgaben des Beamten im nationalsozialistischen Staat hinwies. Er forderte die Feuerwehr auf, sich aufzuschließen für die Bewegung, die Uniform als Ehrenkleid zu betrachten, von deren Trägern der Staat unbedingte und begeisterte Gefolgschaft erwarte."

(Verwaltungsbericht 1933/34)

„HEIL HITLER" WIRD EINGEFÜHRT

Die Branddirektion der Düsseldorfer Feuerwehr änderte am 28. August 1933 die Vorschriften über die Form der militärischen Grüße bei besonderen Anlässen. Ab diesem Tag sollte dann ausschließlich der Hitlergruß erfolgen.

Damit kam die Leitung der Düsseldorfer Feuerwehr dem etwas mehr als zwei Wochen später veröffentlichten Erlass des Innenministers über den „deutschen Gruß" zuvor. Dieser sah ab dem 19. September 1933 den „Hitlergruß" nun verpflichtend vor, wann immer die Nationalhymne oder das „Horst-Wessel-Lied" gespielt wurde, außerdem bei allen Grußerbietungen an zivile Angehörige der Regierung und Verwaltung.

Verwaltungsbericht 1933/34
(Stadtarchiv Düsseldorf,
0-1-4-397.0000/256)

Allgemeines.

Am 23.3.1934 trat das gesamte Feuerwehrkorps an der
euerwache zu einem Apell an, bei dem der Gauleiter, Herr
srat Florian das Wesen des Nationalsozialismus darlegte u.
Aufgaben des Beamten im nationalsozialistischen Staat
. Er forderte die Feuerwehr auf, sich aufzuschließen für
egung, die Uniform als Ehrenkleid zu betrachten, von deren
der Staat unbedingte und begeisterte Gefolgschaft erwarte.

Bei den nationalen Kundgebungen und Aufmärschen beteiligte
e Feuerwehr jeweils geschlossen mit der freien Wachabtei=

In den Massenquartieren gelegentlich der Aufmärsche hatte
erwehr den Feuerschutz zu übernehmen. Für den Rettungs=
vurden die erforderlichen Krankenwagen und andere als
nkenwagen ausgerüstete Fahrzeuge eingesetzt.

Eine neue Gruß=und Apellordnung wurde eingeführt, ebenso
abzeichen nach den neuen Erlassen.

Gemäß Erlaß des Min.d.I. vom 12.1.1934 wurde die Berufs=
r in die kommunale Ortspolizeiverwaltung eingegliedert.
t die Bezeichnung: Der Oberbürgermeister als Ortspolizei=
– Feuerlöschpolizei.

Mit Erlass des Ministers d. Innern vom 24.3.1934.
Branddirektor Petersen zum Mitglied des Feuerlöschbeirats
ernannt.

Hieher die 3 Abschnitte von Seite 2.

Das Glashüttenviertel in Gerresheim
(Stadtarchiv Düsseldorf, 068_120_010)

Foto aus der Zeitung „Volksparole" über die Razzia im Glashüttenviertel von Gerresheim, 1933 (Stadtarchiv Düsseldorf, 106_100_031)

EINSATZ 5.5.1933

Die Mithilfe der Feuerwehr bei der Razzia von Gerresheim

In den frühen Morgenstunden des 5. Mai 1933 veranstalteten die Düsseldorfer Schutzpolizei, Hilfspolizei, SA und SS mit insgesamt etwa 3.500 Personen eine große Razzia gegen politische Gegner in Düsseldorf-Gerresheim.

Es waren hauptsächlich Mitglieder der Düsseldorfer SA-Standarte 39 unter dem Kommando des SA-Standartenführers Lohbeck, die das Glashüttenviertel durchsuchten. Bei der „Aktion" wurden über 280 Personen festgenommen, die als Kommunisten galten.

„Auch die Feuerwehr half – Die Durchsuchung des Hüttenviertels stellte ihrem Umfange und ihrer Aufgabe nach alles bisher Dagewesene in den Schatten. Sogar das alte Bett des Pillebaches, das sich mehrere hundert Meter weit unterkellert jenseits des Gerresheimer Bahnhofes erstreckt, wurde unter Zuhilfenahme von Sauerstoffgeräten durchsucht. Hierzu war von der Düsseldorfer Feuerwehr eine Pionierabteilung gestellt worden, die mit zwei Pionierwagen unter persönlicher Leitung von Branddirektor Petersen und Brandingenieur Flasen teilnahm. Um Explosionen in den Kanalschächten zu vermeiden, wurden von den Suchmannschaften Sicherheitslampen in die Kanalschächte mitgenommen. In Kanalstiefeln wateten die Leute durch die Schächte, um nach versteckten Waffen zu suchen. […]" Der Abend, 5.5.1933

Die verhafteten Männer und Frauen aus Gerresheim wurden in „Schutzhaft" genommen und unter Bewachung über den langen Weg von Gerresheim zum Polizeipräsidium in die Mühlenstraße geführt.

Erscheint täglich

Nur im Straßenverkauf zu haben

Der Abend

5 Pfennig

Düsseldorfer Stadt-Anzeiger / Abendausgabe

Freitag, den 5. Mai 1933

Große Razzia im Glashüttenviertel

Unter Aufgebot der Schutzpolizei, Hilfspolizei, SA. und SS. wurde in Düsseldorf-Gerresheim eine Durchsuchungsaktion größten Ausmaßes vorgenommen / Waffen und hochverräterische Schriften wurden in erheblichen Mengen beschlagnahmt / 50 Personen wurden festgenommen

Auch die Kanäle wurden durchsucht

In den frühen Morgenstunden

Wie die Aktion verlief

Eine Aktion in Essen

Der Bach wird abgesucht

Der Mord an SA.-Mann Hilmer

FEUERWEHR NACH

1933

ZWISCHEN MACHTERGREIFUNG UND KRIEGSBEGINN

Die sogenannte „Machtergreifung" der Nationalsozialisten wirkte sich auch auf die Feuerwehr aus. Zunächst wurden im Kontext des „Gesetzes zur Wiederherstellung des Berufsbeamtentums" schon im Jahr 1933 zwei Feuerwehrmänner aus dem Dienst gedrängt. Friedrich Schmidt war vor 1933 in der SPD, Heinrich Hassels kurzzeitig in der KPD gewesen; beide wurden entlassen. Gleichzeitig begann ein Prozess der gesamtgesellschaftlichen „Militarisierung", der auch die Feuerwehr betraf. Äußerlich war dies an der Kleidung und der Appell- bzw. Grußordnung ablesbar. Organisatorisch wurde sie immer näher an die Polizei herangeführt, was sich auch in der Umbenennung als „Feuerlöschpolizei" spiegelte. Das Moment der auch in anderen Bereichen zu beobachtenden „Gleichschaltung" zeigte sich bei den Feuerwehren generell durch einen starken staatlichen Eingriff in ihren bisher kommunal organisierten Aufbau. Die Nationalsozialisten begannen schon 1933 mit einer reichsweiten Vereinheitlichung des Feuerwehrwesens.

Schon vor 1933 entschlossen sich zahlreiche Düsseldorfer Feuerwehrleute zu einer Mitgliedschaft in der NSDAP. So lässt sich anhand der Personalunterlagen belegen, dass es unter den ca. 300 Berufsfeuerwehrleuten 63 sogenannte „Alte Kämpfer" gab, also Personen, die bereits vor der „Machtergreifung" der Partei beigetreten waren. Von den etwas mehr als 100 nach 1933 eingestellten festen Feuerwehrkräften traten 55 in die Partei ein, womit die Feuerwehr sehr deutlich über dem gesamtstädtischen Durchschnitt lag. Sie zählte damit etwa ähnlich viele Parteimitglieder wie die übrige Beamtenschaft. Hinzu kamen zahlreiche Mitgliedschaften bei der SA bzw. SS. Zudem wurden nun bevorzugt „alte Kämpfer" eingestellt. Die zuvor als wichtig erachtete Qualifikation als Handwerker, die ihren erlernten Beruf im Kontext der Feuerwehraufgaben gewinnbringend einsetzen konnten, spielte nun eine nachrangige Rolle.

Übungsmarsch der Düsseldorfer Feuerwehr im September 1933. Einige marschieren in SA-Uniform mit. (Stadtarchiv Düsseldorf, 1-1-1.8115_0001)

Tauchübung der Düsseldorfer Feuerwehr 1933 (Stadtarchiv Düsseldorf, 1-1-1.8115_0002)

Branddirektor BRUNO PETERSEN

(StAD, 1-1-1.8115_0001)

Bruno Petersen wurde am 25. Mai 1874 in Coswig (Anhalt) geboren. Nach seiner Ausbildung ging er 1900 im Rang eines Brandmeister-Anwärters zu den Berufsfeuerwehren in Bremen und Hamburg. 1901 wurde er als Brandmeister bei der Berufsfeuerwehr in Altona angestellt und 1903 als Brandinspektor auf Lebenszeit gewählt. In dieser Funktion blieb er zehn Jahre lang, bis er sich für eine Stelle als Branddirektor in Düsseldorf bewarb, die er am 1. Oktober 1913 antreten konnte.

1910 heiratete er die 21-jährige Bertha Timmermann. Das Ehepaar blieb kinderlos, adoptierte später aber die 1915 in Karlsruhe geborene Tochter eines verunglückten Brandmeisters. Bruno Petersen wurde im Ersten Weltkrieg mehrfach ausgezeichnet. Am 9. August 1917 erhielt er das Erinnerungszeichen für Verdienste des Feuerlöschwesens.

Vor 1933 wurde er neben seiner Tätigkeit als Branddirektor auch mit gutachterlichen Aufgaben betraut, so erstellte er einen Bericht über einen Theaterbrand in Madrid 1928. Am 11. Juli 1934 wurde er vom Regierungspräsidenten mit der Aufsicht über alle Berufsfeuerwehren im Regierungsbezirk Düsseldorf bestellt. Am 3. Oktober 1934 wurde er mit Wirkung zum 1. Januar 1935 in den Ruhestand versetzt.

In seiner Befragung zum Berufsbeamtengesetz gab er selbst an, der DNVP seit ihrer Gründung bis 1933 angehört zu haben und danach der NSDAP beigetreten zu sein, seinen Diensteid habe er auf Hitler geschworen. NSDAP-Mitglied war er seit dem 1. Mai 1933. Im Jahr 1942 wurde Petersen für die Reorganisierung der städtischen Feuerschutzpolizei in Prag in Betracht gezogen, und am 1. November 1942 begann er als Kommandeur der böhmisch-mährischen Feuerschutzpolizei in Prag.

In den Fragebögen seines Entnazifizierungsverfahrens machte er mehrfach falsche Angaben, das Eintrittsdatum in die NSDAP verschob er nach hinten, die Tätigkeit als Blockwart unterschlug er ganz, und seine Entlassung verdrehte er in eine von ihm selbst ausgesprochene Kündigung. Das Ganze gipfelte in seiner Auffassung, er sei selber verfolgt worden. Dazu strengte er auch ein Verfahren zur Wiedergutmachung an, das abgelehnt wurde. Bruno Petersen verstarb am 23. März 1952 in Bad Godesberg.

Zwei Branddirektoren und zwei Entlassungen 1933

Zwei Feuerwehrmänner wurden im Zuge des „Gesetzes zur Wiederherstellung des Berufsbeamtentums" 1933 entlassen. Der noch amtierende Branddirektor Bruno Petersen wurde am 3. Oktober 1934 in den Ruhestand versetzt, den er zum 1. Januar 1935 antrat. Zu diesem Zeitpunkt war er 60 Jahre alt. So scheint diese Maßnahme unabhängig von der nationalsozialistischen Gesetzgebung erfolgt zu sein.

Feuerwehrmann Heinrich Hassels

Heinrich Hassels wurde am 21. November 1892 geboren. Anfang der 1920er-Jahre war er für kurze Zeit Mitglied der KPD. Er beendete die Mitgliedschaft aber bereits acht Monate später wieder. Heinrich Hassels wurde am 24. Oktober 1933 auf Grundlage des § 4 des Gesetzes zur Wiederherstellung des Berufsbeamtentums aus der Feuerwehr entlassen.

1940 bat er um Wiedereinstellung, da er nur kurz Mitglied in der KPD gewesen sei und es nur eine „Jugendsünde" gewesen wäre. Sein Antrag fand Unterstützung beim damaligen Branddirektor. Trotzdem wurde von einer Wiedereinstellung abgesehen, da er aus gesundheitlichen Gründen nicht mehr voll einsatzfähig gewesen sei. Von 1936 bis 1945 arbeitete er als Schlosser.

Am 27. November 1945 stelle die Stadt Düsseldorf ihn wieder ein, allerdings als Beschäftigten im Wohnungsamt. 1948 ging er in den Ruhestand. Der pensionierte Heinrich Hassels stellte einen Antrag nach dem Bundesentschädigungsgesetz. Der Antrag wurde bewilligt. Er erhielt eine Entschädigung für entgangene Einnahmen und wurde rückwirkend zum Stadtsekretär a.D. befördert. Ein Todesdatum ist nicht bekannt.

Feuerwehrmann Friedrich Schmidt

Friedrich Schmidt wurde am 6. November 1889 geboren. 1908 trat er im Alter von 18 Jahren in die Sozialdemokratische Partei Deutschlands ein. Von 1925 bis 1928 war er Mitglied im Reichsbanner Schwarz-Rot-Gold. Er sympathisierte mit der Eisernen Front. Friedrich Schmidt wurde am 29. November 1933 aus dem Dienst der Feuerwehr der Stadt Düsseldorf aufgrund des § 4 des Gesetzes zur Wiederherstellung des Berufsbeamtentums entlassen.

Bis 1936 war er arbeitslos, dann fand er bei der Firma Plückebaum-Verlag eine Anstellung als Akuisiteur, und danach arbeitete er als Packer bei einer Firma für Kunst-Dauerwellenapparate. Von 1939 bis 1945 war er Instrukteur bei der Werksfeuerwehr der Firma Fa. Heinrich Kopper in Düsseldorf-Heerdt.

Nach Kriegsende stellte er einen Wiedergutmachungsantrag und erhielt Entschädigung für entgangene Einnahmen. Seit dem 1. September 1945 arbeitete er wieder bei der Stadt Düsseldorf, wurde aber aufgrund seines Alters nicht mehr bei der Feuerwehr, sondern im Wohnungsamt eingesetzt. Dort erhielt er noch eine Beförderung. Friedrich Schmidt starb am 23. November 1981.

Kommandeur der Feuerschutzpolizei
PHILIBERT B. RIEDE

(StAD, 180_540_071)

Philibert Bonaventure Riede startete 1913 seine berufliche Laufbahn als Volontär bei den Feuerwehren in Hamburg, Magdeburg und Bremen, nachdem er sein Diplom zum Bauingenieur erlangt hatte. Ab dem 17. Mai 1914 fand er eine Anstellung als Brandingenieur in Aachen. Nach dem Ersten Weltkrieg, an dem er als Soldat teilgenommen hatte, begann er am 6. Juli 1919 seinen Dienst bei der Feuerwehr Düsseldorf. 1928 wurde er zum Brandoberingenieur befördert.

Riede war seit dem 1. Mai 1933 Mitglied der NSDAP und seit dem 16. Mai 1933 Fördermitglied der SS, sowie in einigen weiteren NS-Organisationen. 1934 stieg er zum Oberbaurat auf, und wurde am 1. Januar 1935 als Nachfolger von Bruno Petersen zum Branddirektor ernannt. In einer Beurteilung von 1940 wurde ihm bescheinigt, dass er voll und ganz auf dem Boden der nationalsozialistischen Weltanschauung stehe, ein strenger und gerechter Führer, der durch seine Erfahrungen weit über die Grenzen der Stadt Düsseldorf bekannt sei.

Riede erlitt am 30. Juni 1940 schwere Verletzungen bei einem Autounfall während einer Dienstreise in Holland. Am 9. Dezember 1940 konnte er seinen Dienst wiederaufnehmen. Er wurde mit zahlreichen NS-Orden ausgezeichnet.

Die Familie Riede lebte danach in Saulgau in Württemberg. Seit dem 8. Februar 1944 wurde Riede krankgeschrieben. Sein Nachfolger wurde Ralf Stockmar. Am 17. Mai 1945 nahm die Militärregierung Riede fest und internierte ihn in Wuppertal. Am 6. November 1945 wurde er aus der Internierung wegen Haftunfähigkeit entlassen. Er stellte am 9. November 1945 einen Antrag auf Dienstunfähigkeit, dem die Stadt Düsseldorf stattgab und ihn am 1. Februar 1946 in den Ruhestand versetzte. Vom Entnazifizierungsausschuss wurde er in Kategorie IV eingestuft. Philibert Riede verstarb am 27. Januar 1960 in Saulgau.

785

Reichsgesetzblatt

Teil I

1934	Ausgegeben zu Berlin, den 22. August 1934	Nr. 98

Inhalt

Gesetz über die Vereidigung der Beamten und der Soldaten der Wehrmacht.

Vom 20. August 1934.

Die Reichsregierung hat das folgende Gesetz beschlossen, das hiermit verkündet wird:

§ 1

Die öffentlichen Beamten und die Soldaten der Wehrmacht haben beim Eintritt in den Dienst einen Diensteid zu leisten.

§ 2

1. Der Diensteid der öffentlichen Beamten lautet:

„Ich schwöre: Ich werde dem Führer des Deutschen Reiches und Volkes Adolf Hitler treu und gehorsam sein, die Gesetze beachten und meine Amtspflichten gewissenhaft erfüllen, so wahr mir Gott helfe."

2. Der Diensteid der Soldaten der Wehrmacht lautet:

„Ich schwöre bei Gott diesen heiligen Eid, daß ich dem Führer des Deutschen Reiches und Volkes Adolf Hitler, dem Oberbefehlshaber der Wehrmacht, unbedingten Gehorsam leisten und als tapferer Soldat bereit sein will, jederzeit für diesen Eid mein Leben einzusetzen."

§ 3

Die im Dienst befindlichen Beamten sind unverzüglich gemäß § 2 Ziffer 1 zu vereidigen.

§ 4

Das Gesetz über die Vereidigung der Beamten und der Soldaten der Wehrmacht vom 1. Dezember 1933 (Reichsgesetzbl. I S. 1016) und die Verordnung vom 2. gleichen Monats (Reichsgesetzbl. I S. 1017) werden aufgehoben.

Berlin, den 20. August 1934.

Der Führer und Reichskanzler
Adolf Hitler

Der Reichsminister des Innern
Frick

Der Reichswehrminister
von Blomberg

Verordnung über Ernennung und Entlassung von Reichsbeamten. Vom 18. August 1934.

In Erweiterung der Verordnung über die Ernennung und Entlassung von Reichsbeamten vom 14. Juni 1922 (Reichsgesetzbl. I S. 577) in der Fassung der Verordnung vom 6. Juli 1928 (Reichsgesetzbl. I S. 196) übertrage ich die Ausübung des mir zustehenden Ernennungs- und Entlassungsrechts auch hinsichtlich der Beamten der Gruppen 2d und 3 der Besoldungsordnung A den Leitern der Obersten Reichsbehörden.

Für besondere Fälle behalte ich mir das Recht der persönlichen Entscheidung auch bezüglich dieser Beamten vor.

Berlin, den 18. August 1934.

Der Führer und Reichskanzler
Adolf Hitler

Der Reichsminister des Innern
Frick

Aus der Personalakte eines Düsseldorfer Feuerwehrmanns
Stadtarchiv Düsseldorf, 0-1-7-1797.0001)

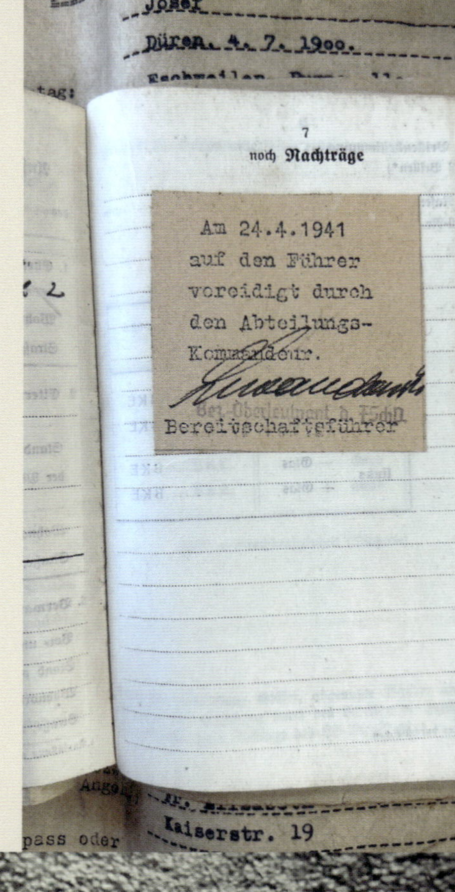

Josef
Düren. 4. 7. 1900.

7
noch Nachträge

Am 24.4.1941
auf den Führer
vereidigt durch
den Abteilungs-
Kommandeur.

Bereitschaftsführer

Kaiserstr. 19

Vereidigung neuer Feuerwehrkräfte im Hof der Feuerwache in der Münsterstraße (Mahn- und Gedenkstätte Düsseldorf)

AUF HITLER EINGESCHWOREN

Am 20. August 1934 erließ die nationalsozialistische Regierung das „Gesetz über die Vereidigung der Beamten und der Soldaten der Wehrmacht". Nun mussten auch Feuerwehrmänner bei Diensteintritt folgenden Eid leisten:

„Ich schwöre: Ich werde dem Führer des Deutschen Reiches und Volkes Adolf Hitler treu und gehorsam sein, die Gesetze beachten und meine Amtspflichten gewissenhaft erfüllen, so wahr mir Gott helfe."

Nicht das Gesetz als verbindliche und unumstößliche Basis, sondern der unbedingte Gehorsam gegenüber Adolf Hitler als Führer stand nun an erster Stelle. Gefordert wurde also Handeln ohne Hinterfragen, nicht das Befolgen oder gar Verteidigen von Gesetzen.

Neu eingestellte Beamte hatten diesen Eid ebenso zu leisten wie Feuerwehrmänner, die schon zuvor im Dienst gewesen waren. Der Schwur auf die Verfassung der Weimarer Republik, den viele von ihnen bis 1933 geleistet hatten, galt als aufgehoben.

Wie nahmen die Feuerwehrmänner diese Veränderung wahr? Erschien ihnen die (Neu-)Vereidigung als Zeichen einer neuen Zeit? Oder nur als eine von vielen Propagandamaßnahmen der neuen nationalsozialistischen Machthaber? Und: Welche Auswirkungen hatte der Eid auf das alltägliche Handeln der Feuerwehrkräfte?

DER ALTE EID:

Verordnung über die Vereidigung der öffentlichen Beamten, vom 14. August 1919 (Reichsgesetzblatt Jahrgang 1919, Nr. 153)

„Ich schwöre Treue der Verfassung, Gehorsam den Gesetzen und gewissenhafte Erfüllung meiner Amtspflichten"
„Ich schwöre Treue der Reichsverfassung"

EINSATZ 10.1.1936

Ein heftiges Wintergewitter mit Folgen

Am Morgen des 10. Januar 1936 entlud sich ein heftiges Wintergewitter über Düsseldorf. Gegen Mittag verdunkelte sich erneut der Himmel über der Stadt. Ein zweites sehr schweres Gewitter wird von starkem Hagelschlag begleitet. Es folgt von Neuss kommend eine Windhose mit gewaltiger Intensität, die über den Stadtteil Heerdt auf die Düsseldorfer Altstadt trifft. Sie hinterlässt auf einer Länge von 12 Kilometern und einer Breite von rund 100 Metern eine Spur der Zerstörung. Auch die Feuerwache 4 an der Behrenstraße (in der NS-Zeit umbenannt) wird getroffen: Die Dächer des Wachgebäudes und des Steigeturmes wurden teilweise abgedeckt.

Während und nach dem Unwetter sind 200 Feuerwehrkräfte ununterbrochen im Einsatz. Teilweise müssen sie mit hohem Risiko für das eigene Leben Verschüttete bergen. Der Sachschaden geht in die Millionen.

oben: Das vom Sturm fortgeschleuderte Wartehaus der Taxifahrer am Schadowplatz, 1936 (Stadtarchiv Düsseldorf, 091_400_019)

Die „Düsseldorfer Nachrichten" berichten über das Sturmereignis, 1936 (Stadtarchiv Düsseldorf, 7_6_42_108)

Düsseldorfer Stadt-Nachrichten

Samstag, den 11. Januar 1936 — Beilage der Düsseldorfer Nachrichten — Morgen-Ausgabe — Nr. 18

Sturmzerstörtes Düsseldorf

Bilder von der Sturmkatastrophe in Düsseldorfs Innenstadt

Abgedeckte Dächer überall Foto: Goffien

Das Bild der Zerstörung vor der Tonhalle Foto: Exter
Es ist ein Wunder, daß hier keine Menschenleben zu beklagen gewesen sind

Das Bootshaus „Rheinlust" auf der Oberkasseler Seite ist auch vom Sturm zertrümmert worden Foto: Dr. E. Poell

Der Schaufensterinhalt auf der Straße Foto: Kau
Bild eines zerstörten Schaufensters in der Schadowstraße, Ecke Victoriastraße

Das vom Sturm fortgeschleuderte Wartehäuschen der Taxichauffeure am Schadowplatz Foto: Tigges

Aufräumungsarbeiten der Feuerwehr auf dem Schadowplatz Foto: Kasser

EINSATZ 19.6.1937

Propaganda und Schauübungen

Die Reichsausstellung „Schaffendes Volk", die in Düsseldorf von Mai bis Oktober des 1937 stattfand, war die wichtigste Propagandaschau in der Zeit des Nationalsozialismus in Deutschland. Sie hatte über sechs Millionen Besucherinnen und Besucher. Auf dem Ausstellungsgelände gab es auch eine Feuerwache in Halle 16. Außerdem stellten in der Halle Firmen aus dem Bereich „Feuer- und Luftschutz" ihre Produkte aus.

Die Düsseldorfer Feuerwehr führte am 19. und 20. Juni 1937 im Rahmen des Rheinisch-Westfälischen Provinzialfeuerwehrtages eine großangelegte Propagandaveranstaltung auf dem Gelände der Ausstellung durch. Sie zeigte zusätzlich eine große Schauübung mit sechs Löschzügen.

Außerdem zogen rund 22.000 Feuerwehrkräfte aus der Region in Form eines Propagandamarsches durch die Stadt. Die gesamte Organisation des Aufmarsches und der Verpflegung der 22.000 Teilnehmer wurde von der Düsseldorfer Feuerwehr übernommen.

Zu der Patentschrift 333669

Feuerwehrtag in Düsseldorf. Feuerlöschübung auf dem Gelände der Reichsausstellung „Schaffendes Volk". Hier vor dem Hauptverwaltungsgebäude („Horst-Wessel-Haus"), 19. Juni 1937 (Stadtarchiv Düsseldorf, 025_413_005)

links: Generalappell auf der Maiwiese im Rheinpark. Im Vordergrund Feuerwehrleute in historischen Uniformen, 1937 (Stadtarchiv Düsseldorf, 025_416_002)

Ehrengäste beim Generalappell auf der Rheinwiese im Rheinpark. v. l. n. r. Provinzial-Feuerwehrführer Wolf, Oberpräsident Terboven, Branddirektor Riede, Provinzial-Feuerwehrführer Dr. Müller, Kreisleiter Walter, 1937 (Stadtarchiv Düsseldorf, 025_416_006)

FEUERWEHR WIRD POLIZEI:

1938

DIE FEUERSCHUTZPOLIZEI

Die unmittelbar nach 1933 begonnene Umstrukturierung der Berufsfeuerwehr zu einer Polizeibehörde erfuhr am 23. November 1938 einen weiteren Schub. Mit dem „Reichsgesetz über das Feuerlöschwesen" wurde sie ein Teil der Ordnungspolizei und somit hinsichtlich ihrer Organisation faktisch verstaatlicht und dem Reichsminister des Inneren und Chef der deutschen Polizei Heinrich Himmler unterstellt. Ihre Finanzierung jedoch hatte weiter über die Kommunen zu erfolgen. Die polizeiliche Aufgabe spiegelte sich in einer Angleichung der Uniform und dem Umstand, dass Feuerwehroffiziere nun auch eine Pistole tragen durften. Die Dienstgradbezeichnung wurde ebenfalls an jene der Polizei angepasst. Eine weitere Verschmelzung zeigte sich in der Rechtsprechung, denn ab Oktober 1939 unterstanden Angehörige der SS und der Polizei – somit auch die Feuerwehr – in Strafsachen nicht mehr der allgemeinen Gerichtsbarkeit, sondern eigenen SS- und Polizeigerichten.

Mit Beginn des Zweiten Weltkriegs verfügte die Düsseldorfer Feuerschutzpolizei über 313 fest angestellte Kräfte. Die „Verreichlichung" zeigte sich auch in zahlreichen Bestimmungen, die auf eine Normierung der Ausrüstung abzielten: Alle Feuerwehren sollten in allen Regionen des Reiches eingesetzt werden können. Die Idee eines bevorstehenden Krieges bildet sich auch in dieser Struktur ab.

In Düsseldorf wurde die gewünschte faktische Verschmelzung der Berufsfeuerwehr und der freiwilligen Feuerwehren hinsichtlich des „Führerprinzips" schon 1937 vollzogen. Dem städtischen Branddirektor (Chef der Feuerschutzpolizei) unterstanden beide Organisationen. Auch ihre Zuständigkeiten wurden bereits vor dem Krieg definiert. Die Berufsfeuerwehr war für die innere Stadt, angrenzende Industrie, den Hafen, das Linksrheinische sowie Benrath zuständig. Alle anderen Stadtteile wurden durch die freiwillige Feuerwehr betreut (ca. 300 Personen) und nur gegebenenfalls durch die Berufsfeuerwehr unterstützt. Als eigenständige Einheiten fanden die freiwilligen Feuerwehren faktisch nicht mehr statt.

Gesetz über das Feuerlöschwesen

Vom 23. November 1938

Die wachsende Bedeutung des Feuerlöschwesens vor allem für den Luftschutz erfordert, daß schon seine friedensmäßige Organisation hierauf abgestellt wird. Hierzu ist nötig die Schaffung einer straff organisierten, vom Führerprinzip geleiteten, reichseinheitlich gestalteten, von geschulten Kräften geführten Polizeitruppe (Hilfspolizeitruppe) unter staatlicher Aufsicht. Zur Erreichung dieses Zieles hat die Reichsregierung das folgende Gesetz beschlossen, das hiermit verkündet wird:

I. Abschnitt

Die Feuerschutzpolizei

§ 1

(1) Der Reichsminister des Innern bestimmt, welche Gemeinden eine Feuerschutzpolizei einrichten müssen. Er bestimmt ferner, inwieweit die bisherigen Berufsfeuerwehren in die Feuerschutzpolizei übergeleitet werden.

(2) Die Beamten der Feuerschutzpolizei sind Polizeivollzugsbeamte. Für sie gelten die Vorschriften der §§ 8 bis 12, 14, 19 bis 25, 26 Abs. 2, § 27 sowie für die Polizeioffiziere der Feuerschutzpolizei auch die Vorschriften des § 7 Abs. 2 Satz 1 des Deutschen Polizeibeamtengesetzes vom 24. Juni 1937 (Reichsgesetzbl. I S. 653) sinngemäß.

(3) Die Altersgrenze (§ 68 des Deutschen Beamtengesetzes vom 26. Januar 1937 – Reichsgesetzbl. I S. 39) wird auf den Tag festgesetzt, an dem der Beamte der Feuerschutzpolizei das 60. Lebensjahr vollendet.

(4) Im übrigen gelten für die Beamten der Feuerschutzpolizei die allgemeinen beamtenrechtlichen Vorschriften.

II. Abschnitt

Die Feuerwehren

§ 2

Feuerwehren sind

a) die freiwilligen Feuerwehren,
b) die Pflichtfeuerwehren,
c) die Werkfeuerwehren.

§ 3

(1) Jede Gemeinde, in der eine Feuerschutzpolizei nicht besteht, hat eine leistungsfähige und den örtlichen Verhältnissen entsprechend ausgerüstete freiwillige Feuerwehr oder Pflichtfeuerwehr oder beide Feuerwehren nebeneinander aufzustellen.

(2) Durch die Aufsichtsbehörde können mehrere Gemeinden zu einem Feuerlöschverband zusammengeschlossen werden.

§ 4

(1) Die Aufsichtsbehörde bestimmt, welche Gemeinden neben der Feuerschutzpolizei eine freiwillige Feuerwehr oder Pflichtfeuerwehr oder beide Feuerwehren aufstellen müssen.

Löschübung vor dem Düsseldorfer Rathaus in Zusammenarbeit mit dem Reichsluftschutzbund, 1941
(Stadtarchiv Düsseldorf, 110-500-041)

Düsseldorf. Neue Synagoge.

EINSATZ 9.11.1938

Eine Feuerwehr, die nicht löscht ...

Ein zentrales Ereignis der Judenverfolgung in Düsseldorf steht im deutlichen Zusammenhang mit Einsätzen der Düsseldorfer Feuerwehr sowie dem Verhalten einzelner Feuerwehrmänner. Im Pogrom oder in der zunächst als „Kristallnacht" bezeichneten Aktion überfielen Gruppen von SA-Männern, NSDAP-Parteimitgliedern sowie gewaltbereiten Mitläufern jüdische Familien in ihren Wohnungen.

Die Wohnungseinrichtungen wurden zerschlagen, die Bewohnerinnen und Bewohner verletzt, in einigen Fällen sogar getötet. Meist wurde das zerstörte Inventar auf die Straße geworfen. Dort wurden auch einzelne Brände gelegt.

Einsatz: 10. November 1938

Warum wird nicht gelöscht? Die Synagoge brennt

Neben Privatwohnungen und Geschäften wurde in der Nacht vom 9. auf den 10. November 1938 auch die 1904 erbaute Düsseldorfer Synagoge in der Kasernenstraße geplündert und dann in Brand gesetzt. Augenzeugen des Brandes fanden sich schnell ein. Auch ein Löschzug der Düsseldorfer Feuerwehr machte sich von der Wache in der Hüttenstraße auf den Weg zur Synagoge.

Doch das Hauptfeuer innerhalb des prächtigen Synagogenbaus wurde nicht gelöscht. Die Feuerwehrleute beschränkten sich darauf, nur die angrenzenden Gebäude vor einem Übergreifen der Flammen zu schützen. Wer dieses Verhalten angeordnet hatte, kann nicht im Detail geklärt werden. Ein ausführlicher Brandbericht fehlt interessanterweise in den Akten. Einer tabellarischen Aufstellung am Ende des Verwaltungsberichts der Feuerwehr für das Jahr 1938 lässt sich als einziges Detail zum Synagogen-Brand entnehmen, dass die Feuerwehr zehn Löschrohre im Einsatz hatte.

Der damals 14-jährige jüdische Düsseldorfer Ernst Rosenthal wohnte 1938 in der Hüttenstraße. Als die Feuerwehr am Morgen des 10. Novembers ausrückte, fuhr er dem Löschzug mit dem Fahrrad nach. *„Die fahren auf die Kasernenstraße, und wie ich dort ankomme, steht die Synagoge lichterloh in Flammen. Die Feuerwehr fuhr dorthin – ich dachte im kindlichen Gemüt, die fahren dahin, um zu löschen. Aber nichts da. Da war die Krankenkasse, die AOK, die schützten sie, und ließen die Synagoge abbrennen."* Ernst Rosenthal (1924–2011)

Einsatz: 29. November 1938

Warum wurde der Einsatz nicht dokumentiert? Ein seltener Fund: der Einsatz der Feuerwehr an der Synagoge als Versicherungsfall

Zufällig haben sich doch einige Details zum Synagogen-Brand in den Akten erhalten. In den Ordnern für Versicherungsfälle im Kontext der Feuerwehreinsätze bei Verkehrsunfällen, Sachbeschädigungen und anderer kleinerer Schäden findet sich die Beschwerde einer Hausbesitzerin. Der Anbau ihres Hauses in der Hohe Straße 40 grenzte an das Synagogengrundstück. Der Mieter, Franz Breitkopf, teilte mit, *„dass bei den Löscharbeiten an der Synagoge sein Schlafzimmer in Mitleidenschaft gezogen sei"*. Die Verwalterin des Hauses stellte am 29. November 1938 der Feuerlöschpolizei für die Reparatur des Daches sowie einen Kostenvoranschlag für Malerarbeiten in der beschädigten Dachwohnung in Rechnung.

„Ich empfehle, die Rechnung, ähnlich wie bei dem Abbruch der Synagoge, der jüdischen Gemeinde in Rechnung zu stellen."

29. November 1938, Amt 57, Feuerlöschpolizei, Branddirektor Riede

„Wenn wir nicht gelöscht hätten, wäre das Haus Denecke mit verbrannt. Dafür, dass wir es geschützt haben, sollen wir auch noch bezahlen. Das kann nicht in Frage kommen. Ich bitte Frau Denecke entsprechend zu schreiben." 30. November 1938, Feuerlöschpolizei, Meyer

Die brennende Synagoge in der Nacht vom 9. auf den 10. November 1938 (Mahn- und Gedenkstätte Düsseldorf)

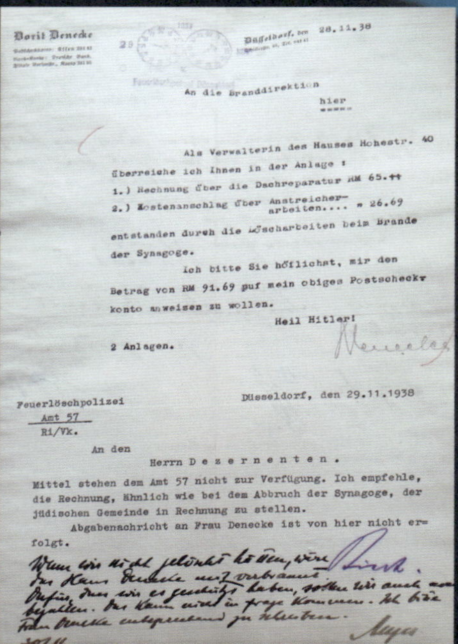

Dorit Denecke

Düsseldorf, den 28.11.38

An die Branddirektion
hier

Als Verwalterin des Hauses Hohestr. 40 überreiche ich Ihnen in der Anlage :
1.) Rechnung über die Dachreparatur RM 65.--
2.) Kostenanschlag über Anstreicherarbeiten.... " 26.69
entstanden durch die Löscharbeiten beim Brande der Synagoge.

Ich bitte Sie höflichst, mir den Betrag von RM 91.69 auf mein obiges Postscheckkonto anweisen zu wollen.

Heil Hitler!

2 Anlagen.

Feuerlöschpolizei
Amt 57
Ri/Vk.

Düsseldorf, den 29.11.1938

An den
Herrn Dezernenten.

Mittel stehen dem Amt 57 nicht zur Verfügung. Ich empfehle, die Rechnung, ähnlich wie bei dem Abbruch der Synagoge, der jüdischen Gemeinde in Rechnung zu stellen.

Abgabenachricht an Frau Denecke ist von hier nicht erfolgt.

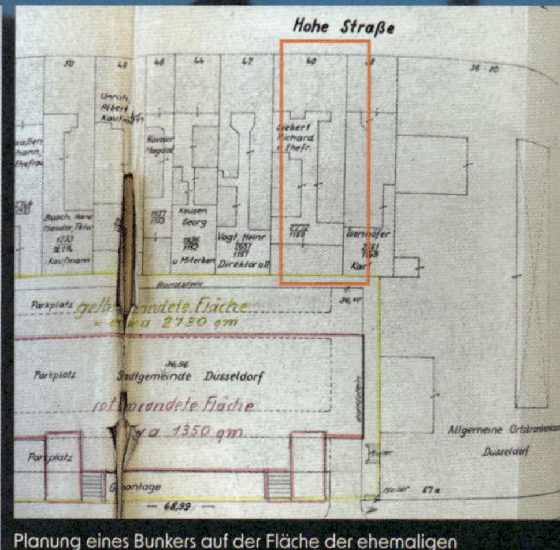

Planung eines Bunkers auf der Fläche der ehemaligen Synagoge, 1941. Erfasst ist auch das angrenzende Gebäude der Hohe Straße 40 (siehe Kasten) (Stadtarchiv Düsseldorf, 0-1-4-24674, Luftschutzbauten)

Nachspiel des Einsatzes der Feuerwehr an der Düsseldorfer Synagoge, 1938 (Stadtarchiv Düsseldorf, 0-1-4-419.0000/267)

Die noch rauchende Düsseldorfer Synagoge am 10. November 1938 (Stadtarchiv Düsseldorf, 076_200_006)

unten: Blick auf die Synagoge in der Kasernenstraße sowie die angrenzende Bebauung der Hohe Straße, Mitte der 1920er-Jahre (Stadtarchiv Düsseldorf, 039_500_030)

Mitmachen oder helfen? Das Verhalten einzelner Feuerwehrmänner am 9./10. November anhand von drei Fällen

Unabhängig von den Vorgaben, die die Düsseldorfer Berufsfeuerwehr als institutioneller Bestandteil der nationalsozialistischen Diktatur erhielt, stellt sich immer auch die Frage nach den Handlungsoptionen einzelner. In diesem Fall also, wie groß war der Handlungsspielraum einzelner Feuerwehrmänner?

Im Kontext des Pogroms vom November 1938 werden im Folgenden drei Fälle vorgestellt, in denen Entscheidungen einzelner Berufsfeuerwehrmänner deutlich werden – im Guten wie im Schlechten.

EINSATZ 9.11.1938

Das Ehepaar Laura und David Salomon, um 1940 (Sammlung Suchy in der Mahn- und Gedenkstätte Düsseldorf)

FALL 1: Feuerwehrmann und SS-Mitglied

Die Familie des Feuerwehrmanns Hans Stein wohnte seit 1932 in der Belsenstraße 16 in Düsseldorf-Oberkassel. Das Haus gehörte dem jüdischen Installateur David Salomon, der mit seiner Frau Laura selbst dort wohnte.

Der 1904 in Düsseldorf geborene Hans Stein war seit Mai 1932 in der NSDAP und der SS. Seit dem 1. März 1937 war er bei der Berufsfeuerwehr angestellt. Im Hausbuch Belsenstraße 16 ist später „Hauswart" und „Hausfeuerwehrbeauftragter" eingestempelt worden.

Nach dem Krieg gab Hans Stein zu Protokoll, dass er während des Pogroms 1938 der SA das Betreten der Wohnung der Familie Salomon verboten hätte. Er hätte deshalb Probleme bekommen und wäre aus der NSDAP ausgeschlossen worden. Dies klingt zunächst nach Hilfe für die jüdischen Vermieter. Merkwürdig sind jedoch zwei Details: In seiner Personalakte steht, dass er im Jahr 1942 die Auszeichnung in Bronze für 10-jährige Mitgliedschaft in der NSDAP bekam. Wäre er aufgrund der Hilfe für die Familie Salomon aus der NSDAP ausgeschlossen worden, hätte er diese Auszeichnung nicht erhalten. Auffällig ist auch, dass David Salomon mit seiner Familie bereits am 17. Dezember 1938 aus dem Haus auszog. Sie zogen in die Teutonenstraße 9. Der 1909 geboren Sohn Heinz Salomon sagte aus, dass die Wohnung seiner Eltern im Zuge des Pogroms zerstört worden wäre. Er selbst hatte im April 1940 in die USA emigrieren können.

David und Laura Salomon erhielten im Juli 1942 die Nachricht, dass sie am 20. Juli 1942 in das Ghetto Theresienstadt deportiert werden sollen. Die 68-jährige Laura Salomon nahm sich daraufhin am 13. Juli 1942 das Leben. Ihr Mann schloss sich dem Deportationstransport an und wurde am 21. September 1942 im Vernichtungslager Treblinka ermordet.

EINSATZ 10.11.1938

FALL 2: Kontroverses Verhalten: zwei Düsseldorfer Feuerwehrmänner

Der Düsseldorfer Feuerwehrmann Arthur Büttgen gab nach dem Krieg zu Protokoll. „*Während eines Einsatzes am Tage nach der Kristallnacht wurde einem jüdischen Kinde die Puppe abgenommen und auf einen Haufen zerstörten Hausrats geworfen. Das Kind begann bitterlich zu weinen. Ich missbilligte diese Handlungsweise und sagte: ‚Was kann denn dieses Kind dafür'. Die Puppe nahm ich von dem Haufen und gab sie dem Kinde zurück. Daraufhin wurde ich von B a c h etwa mit den Worten angeschrien: ‚Bist Du verrückt geworden, was erlaubst Du Dir eigentlich. Ich schlage Dich gleich mit dem Strahlrohr vor deinem [!] Schädel.*'"

Der 1897 geborene Feuerwehrmann Arthur Büttgen arbeitete bereits seit 1925 in der Düsseldorfer Feuerwehr. Er war verheiratet und hatte drei Kinder.

Der besagte Feuerwehrkollege war der 1905 geborene Heinrich Bach. Ein gelernter Dekorationsmaler, seit 1931 NSDAP-Mitglied, der seit 1937 bei der Düsseldorfer Feuerwehr arbeitete. Zuvor war er bei der Werksfeuerwehr von Rheinmetall angestellt. Er war verheiratet und hatte 1938 zwei Kinder.

Wo genau und warum die Feuerwehr diesen einen Einsatz hatte, und woraus der Einsatz bestand, ist leider nicht überliefert. Doch der Fall zeigt, dass Feuerwehrmänner sehr wohl einen Handlungsspielraum während ihrer Einsätze hatten.

Passanten betrachten die Trümmer einer in der Pogromnacht zerstörten Wohnung am Königsplatz, 1938 (Mahn- und Gedenkstätte Düsseldorf)

EINSATZ 10.11.1938

Krankentransportwagen der Düsseldorfer Feuerwehr (Stadtarchiv Düsseldorf, 1_1_1_8120_0016)

FALL 3: Rettungseinsatz in der Beuthstraße 4

Am 10. November 1938 wurde auch der 55-jährige Kaufmann Mendel Eimer in seinem Haus in der Beuthstraße 4 von Nazi-Schlägern überfallen. Seine Wohnung in der zweiten Etage wurde zerstört und Mendel Eimer von einem der beteiligten SA-Männer aus dem Fenster gestoßen. Dabei erlitt Mendel Eimer eine Beckenfraktur und brach sich ein Bein.

Die Feuerwehr wurde zur Beuthstraße gerufen und übernahm den Krankentransport des schwer verletzten jüdischen Düsseldorfers. Der Einsatz wurde dokumentiert, da es zum Verlust einer Armbanduhr kam.

Nach den Ereignissen floh die restliche Familie in Panik in die Niederlande. Mendel Eimer überlebte die NS-Zeit nicht.

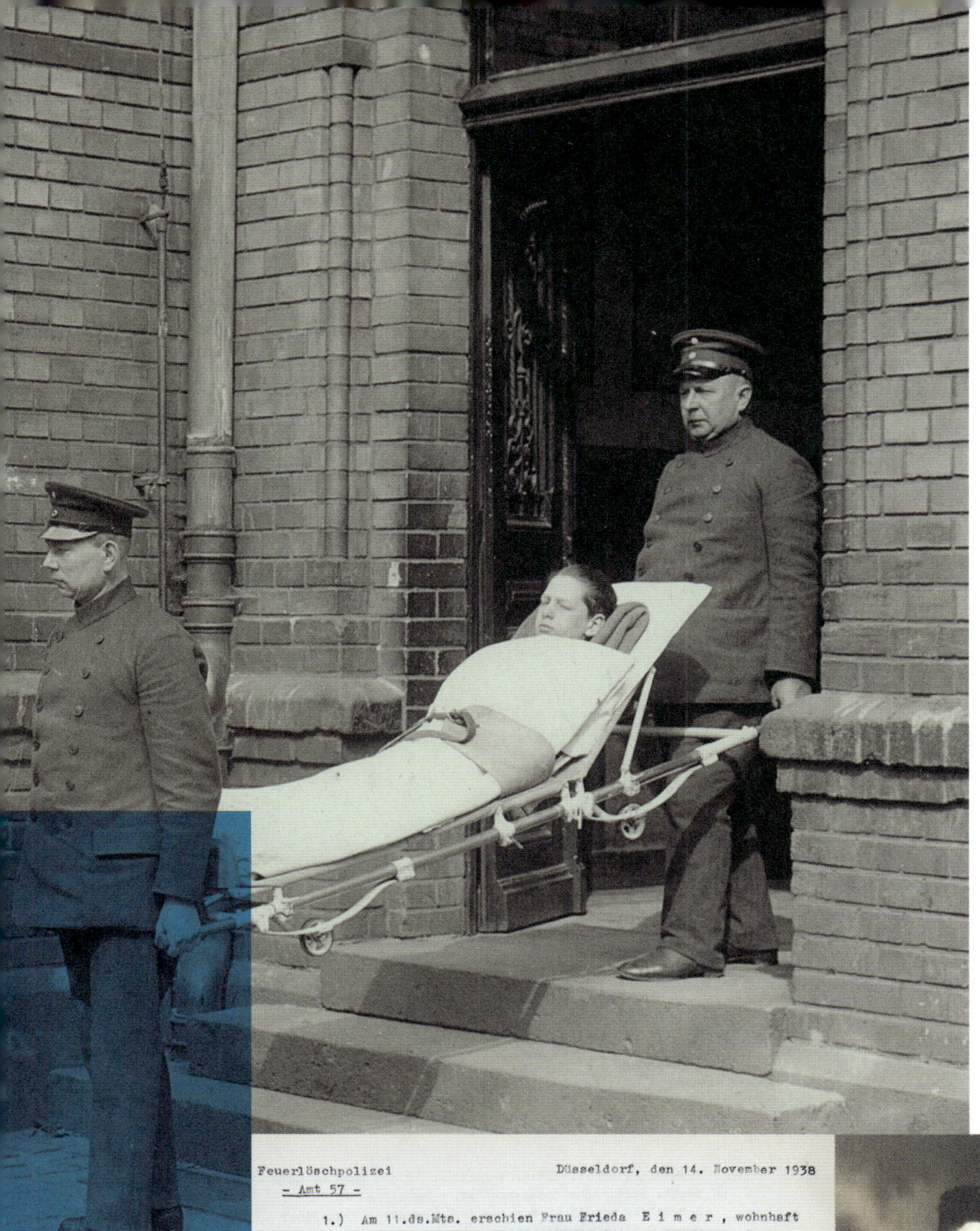

Feuerlöschpolizei
- Amt 57 -

Düsseldorf, den 14. November 1938

1.) Am 11.ds.Mts. erschien Frau Frieda E i m e r , wohnhaft Düsseldorf, Beuthstr. 4, und bat um Aushändigung der am 10.11.1938 im Krankenwagen gefundenen goldenen Uhr ihres, zu den städt. Krankenanstalten transportierten, Ehemannes.

Die Uhr, 14-karätig, Marke Croissant, im vorderen Sprungdeckel die Nr. 937, im hinteren Sprungdeckel Nr. 212937, wurde der Frau Eimer gegen Quittung ausgehändigt.

Bei dieser Gelegenheit fragte Frau Eimer auch nach dem Verbleib des beim Transport ihres Mannes abhanden gekommenen Geldbetrages von 80.-- RM. Der Betrag ist hier nicht zur Ablieferung gekommen. Transportfahrer des Krankenwagens war Feuerwehrmann Stein, Begleiter Feuerwehrmann Kasper. Zur Klärung dieser Angelegenheit wurde Fm. Kasper und Fm. Stein zum Geschäftszimmer bestellt.

Feuerwehrmann Kasper erklärt:

Der Transportierte habe während der Fahrt wiederholt gefordert, dass Fm. Kasper ihn erschiessen oder totschlagen solle. Hieraus folgerte der Begleiter des Transportes, dass der Kranke im Besitze einer Schusswaffe sein könne und nahm eine Visitation nach Waffen vor. Eine Waffe wurde nicht gefunden. Nach Ankunft in den städt. Krankenanstalten wurde der Kranke in den Operationssaal geschafft und hier wurden die Personalien anhand von Papieren festgestellt. Der Transportierte wurde befragt, ob er Mitglied einer Krankenkasse sei. Diese Frage wurde verneint. Der Kranke bezeichnete sich als Selbstzahler. Der Transportierte wurde, da es sich um einen Juden handelte, von einem SS - Mann begleitet, der während der Fahrt neben dem Fahrer Platz nahm. Kasper wurde durch den SS-Mann befragt, was der Transport koste. Da der Kranke keiner Krankenkasse angehört und sich als Selbstzahler bezeichnet, musste angenommen werden, dass er ein Einkommen über 300.-- RM, somit 10.-- RM an Transportgebühren zu entrichten habe. Durch den SS - Mann wurde dem Fm.Kasper ein 20.- RM-schein übergeben. Kasper bezw. die anwesende Schwester konnten den Schein nicht wechseln. Kasper teilte dem Transportierten hierauf mit, dass er 20.-- RM (Schein) erhalten habe, niemand den Geldschein wechseln könne und er den Restbetrag von 10.-- RM morgens der Ehefrau überbringen werde. Angeblich hat Kasper

Bericht der Düsseldorfer Feuerlöschpolizei vom 14. November 1938 über den Einsatz bei der jüdischen Familie Eimer
(Stadtarchiv Düsseldorf, 0-1-1-7-1767)

Mendel Eimer (Mitte) mit seinen Kindern Louis und Clara
(Sammlung Suchy in der Mahn- und Gedenkstätte Düsseldorf)

Die Feuerwehr hilft bei der Logistik, hier bei der Essensausgabe für Ausgebombte, 1942 (Stadtarchiv Düsseldorf, 127_652_042)

Der Vorstand
der
Jüdischen Kultusvereinigung
Düsseldorf

„Synagogengemeinde Düsseldorf"

So etwas gibt's noch ?

Düsseldorf, den 26. Juni 1940
Bilkerstraße 25
Fernsprecher 118 60

An den

Herrn Polizeipräsidenten
in Düsseldorf

D ü s s e l d o r f.

Der Polizeipräsident Düsseldorf
Eing.: 27. JUN. 1940
Anlagen

Betrifft: Luftschutzkeller.

Wir teilen ergebenst mit, dass in unserem Hause

Grafenbergerallee 78

der Durchbruch der Brandmauern zum Zwecke des Luftschutzes bisher nicht vorgenommen werden konnte, weil die notwendigen Anweisungen nicht bekannt gegeben si[nd].
Es hat lediglich durch einen von Ihnen beauftragten Architekten eine Besichtigung der Kellerräume stattg[e]funden.

Wir bitten, das Notwendige zu veranlassen.

Kultusvereinigung
„Synagogengemeinde Düsseldorf"
Der Vorstand

Siegfried Israel [illegible]

Die Jüdische Gemeinde bittet um Genehmigung im Haus Grafenberger Allee 78, was mittlerweile als jüdisches Altersheim genutzt wird, einen Luftschutzkeller errichten zu dürfen. Der für die Genehmigung zuständige Beamte kommentiert den Briefkopf der Jüdischen Gemeinde mit der Bemerkung: „So etwas gibt's noch?".
(Hausakte Grafenberger Allee 78, Bauaufsichtsamt Düsseldorf, Bd. 1, 00034_1.)

FEUERWEHR NACH

1939

BREITER AUFGESTELLT – DIE FEUERWEHR WIRD BESTANDTEIL DES „SICHERHEITS- UND HILFSDIENSTES"

Mit Kriegsbeginn am 1. September 1939 wurde reichsweit der „Sicherheits- und Hilfsdienst", kurz SHD, aufgestellt. Er umfasste in Düsseldorf zunächst knapp 800 Männer. Den größten Teil stellten die Feuerlöscheinheiten, also professionalisierte Kräfte der Berufsfeuerwehr. Sie unterstanden weiterhin dem Polizeipräsidenten und waren für den „Feuer- und Entgiftungsdienst" zuständig (FE-Einheiten).

Die immer massiveren Luftangriffe im weiteren Kriegsverlauf machten eine Aufstockung des Personals erforderlich. Auch das Einsatzgebiet vergrößerte sich: Zunächst bestand der „Luftschutzabschnitt Düsseldorf" aus drei Abschnitten. Ab 1941 kam zusätzlich noch der Abschnitt Neuss hinzu.

Für die Bewältigung der vielen Einsätze standen nun zehn Einheiten mit insgesamt etwa 1.400 Personen zur Verfügung. Darunter befanden sich zahlreiche Kräfte aus der Zivilbevölkerung, die weder dafür ausgebildet noch längerfristig geschult worden waren.

1942 wurde der „SHD" in „Luftschutzpolizei" (LSP) umbenannt. Nun wurde die Zusammensetzung der Einheiten noch diverser: Neben „normalen" Feuerwehrmännern und vielen Zivilisten leisteten nun auch viele minderjährige HJ-Mitglieder die Arbeit. Zusätzlich wurden mehr als 100 Männer und einige Frauen aus den annektierten bzw. besetzten ost- und südosteuropäischen Staaten herangezogen. Auf welchen Wegen diese Menschen nach Düsseldorf kamen, ist im Einzelnen nicht mehr zu klären. Zum Teil wurden sie gezielt angeworben, zum Teil als Kriegsgefangene bzw. Zwangsarbeitende gegen ihren Willen bei der Stadtverwaltung eingesetzt und zur Feuerwehr abgeordnet.

Unabhängige
Löschwasserversorgung
von Mülheim/Ruhr
Essen, Oberhausen, Dinslaken,
Münster, Dortmund, Bochum,
Gelsenkirchen, Recklinghsn.
Von Wuppertal,
Solingen, Remscheid,
Hagen
LICHTENBROICH
MÖRSENBROICH
RATH
GOLZHEIM
LIERENFELD
ELLER FORST
STOFFELN

arte zur Löschwasserversorgung (Stadtarchiv Düsseldorf, 1_1_1_8083)

In aufgemauerten Bassins wurde Löschwasser gesammelt. Hier ein Feuerlöschteich in der Wetterstraße. (Stadtarchiv Düsseldorf, 1_1_1_8118_0013)

Ausbau der Löschwasserversorgung in Kriegszeiten

Die ersten großen Luftangriffe auf Aachen und Münster 1941 zeigten trotz der Vorbereitungen der Vorjahre drastisch die Schwachstellen des örtlichen Luftschutzes auf: Ausfälle bei der Wasserversorgung führten dazu, dass sich Brände vor Ort rasant ausdehnten und Gebäude und Straßenzüge nicht vor den Feuern geschützt werden konnten. In Düsseldorf wollten die Verantwortlichen ein solches Szenario unbedingt vermeiden und reagierten prompt – ein schneller Ausbau der Löschwasserversorgung wurde eilig vorangetrieben. Diese sollte unabhängig funktionieren, sodass im Falle einer Zerstörung der Wasserversorgung durch einen Luftangriff keinesfalls die Löscharbeiten beeinträchtigt wurden.

Der Ausbau wurde im gesamten Stadtgebiet sichtbar: Mitarbeiter des Sicherheits- und Hilfsdienstes errichteten über einhundert Löschteiche und legten ebenso viele Brunnen an. Bei der Erschließung möglicher Löschwasserquellen wurde man kreativ: Flüsse und Bäche wurden gestaut oder direkt angezapft – über den sogenannten „Düsselschacht" natürlich auch die Düssel. Aber auch Abwasser wurde zur sofortigen Nutzung aus den Kanälen gepumpt. Die Kräfte des Sicherheits- und Hilfsdienstes nutzten bei Löscharbeiten selbstverständlich auch den Rhein. Sogar Schwimmbecken, Zierteiche und Baggerlöcher dienten als Wasserreservoirs.

In den Wintermonaten stellte das stehende Wasser in den Feuerlöschteichen eine besondere Herausforderung dar. Mitarbeiter mussten die Teiche unter großer Anstrengung vor dem Einfrieren schützen, damit das Wasser jederzeit für den Löscheinsatz genutzt werden konnte.

Ein Überflurhydrant Typ „Gesolei" mit einem A und zwei B Abgängen (Stadtarchiv Düsseldorf, 1_1_1_8117_0006)

Überflurhydrant vom Typ „Bopp und Reuther" in Düsseldorf (Stadtarchiv Düsseldorf, 1_1_1_8117_0009)

Zusätzliche Kennzeichnung eines Sofortkanals (Abwasser) zur Wasserentnahme (Stadtarchiv Düsseldorf, 1_1_1_8117)

oben:
Übung des „Feuer- und Entgiftungsdiensts" (FE-Einheit) in Düsseldorf
(Stadtarchiv Düsseldorf, 1_1_1_8118_0004)

unten:
Die ersten „Volksgasmasken" treffen in Düsseldorf ein, hier auf der Kölner Straße.
(Stadtarchiv Düsseldorf, 110_500_016)

EINSATZ 29.1.1939

Übungen für den Ernstfall

Bereits ab 1936 hatte sich die Aufmerksamkeit der deutschen Branddirektoren und ihrer übergeordneten Stellen vermehrt auf den Luftschutz gerichtet. Zahlreiche Richtlinien zur Normung, Kennzeichnung und Neuanschaffung von Hydranten, Hinweisschildern und weiteren Feuerwehrgeräten machen die großen Anstrengungen und Investitionen in diesem Bereich deutlich. Diese konkreten Vorbereitungen sollten die Bekämpfung großer Schadensfälle möglich machen, denen die Feuerwehren und andere Einsatzkräfte ansonsten nicht gewachsen wären. Nach Kriegsbeginn 1939 erhielten diese „Planspiele" eine Realität, die jedoch von den meisten zunächst unterschätzt wurde.

Gleichzeitig wurde die Düsseldorfer Bevölkerung insbesondere nach Kriegsbeginn 1939 für mögliche Einsätze fitgemacht. Öffentlichkeitswirksam wurden beispielsweise am jährlichen „Tag der Polizei" Übungen abgehalten oder Gasmasken an die Bevölkerung verteilt.

Die Hitlerjugend bei der Feuerwehr am Tag der Wehrertüchtigung (Stadtarchiv Düsseldorf, 1_1_1_8118_0008)

Sicherung der durch Bomben beschädigten Häuser der Alexanderstraße 7–9 nach dem Luftangriff in der Nacht vom 18. zum 19. Juni 1940. Es war der vierte Luftangriff auf Düsseldorf.
(Stadtarchiv Düsseldorf, 127_017_015)

Nach dem Luftangriff vom 18. Juni 1940 auf der Worringer Straße 56 (Stadtarchiv Düsseldorf, 1-1-1-8117.0000)

EINSATZ 15.5.1940

Ein Jahr später: der erste Luftangriff auf Düsseldorf

Die Düsseldorfer Feuerwehr führte am 15. Mai 1940 den ersten Löscheinsatz nach einem Luftangriff auf die Stadt Düsseldorf durch. Durch den Abwurf von Sprengbomben waren in den Stadtteilen Flingern und Oberbilk Folgebrände entstanden, die von der Feuerwehr gelöscht werden mussten.

Während des gesamten Krieges war das Düsseldorfer Stadtgebiet 243 Mal Ziel von Luftangriffen, wobei diese meist unterschiedliche Stadtteile betrafen. Sechs Großangriffe galten dem gesamten Innenstadtbereich und angrenzenden Stadtteilen. Besonders der sogenannte „Pfingstangriff" vom 12. Juni 1943 markierte hier einen Einschnitt. An das Löschen von in diesem Fall nur noch geschätzten 9.000 Bränden war hier nicht mehr zu denken.

Lebensgefährliche Einsätze nach den Angriffen

Das Mitglied der HJ-Feuerwehr Manfred Weichselbaumer erinnert sich an einen Einsatz: *„Ich war eine Zeitlang bei einem Kommando dabei, wo Bomben entschärft wurden. Da waren auch Leute aus Konzentrationslagern dabei.* [...] *Unter dem Platz vor dem Hauptbahnhof befand sich ein dreistöckiger Tiefbunker. Daneben war eine Luftmine reingegangen, ein Blindgänger. Die hatten wir nun freigelegt und schön vorsichtig eingedämmt. Da hat der Feuerwerker gesagt: ‚Wisst Ihr was, jetzt machen wir erst mal eine Kaffeepause.‘* [...] *Er hat die KZler aus dem Loch rausgeholt, und wir sind alle zusammen rüber ins Rheinbahnhaus gegangen.* [...] *Wir sind noch nicht richtig drin gewesen – in dem Augenblick ist draußen das Ding hochgegangen! Irgendwie hatte der Feuerwerker so ein Gefühl dafür gehabt.“*

FEUERWEHR IM KRIEG

1942

IM BOMBENKRIEG

Die ab 1942 immer massiveren Bombenangriffe auf die Stadt hatten zur Folge, dass auch immer mehr auswärtige Feuerwehren zur Hilfe gerufen wurden. Um diese meist ortsunkundigen Kräfte zu ihrem Einsatzort zu führen, wurden an den großen Einfallstraßen Lotsenstellen eingerichtet.

Diese Lotsenstellen wurden meist mit Jungen der HJ-Feuerlöschscharen besetzt. Das Empfangen und Einweisen der auswärtigen Bereitschaften gehörte ebenso zu ihren Aufgaben wie das Austeilen des wichtigen „Verzeichnisses über die zusätzliche Löschwasserversorgung" und die praktische Unterstützung vor Ort.

Alle Beteiligten wurden in diesen oft chaotischen Situationen extrem beansprucht und standen unter enormem Druck. Zwar waren die Abläufe geplant, jedoch wurden sie häufig geändert und der aktuellen Lage angepasst. Das „Verhalten im Ernstfall" konnte daher meist nicht eingeübt werden, bevor der tatsächliche Ernstfall eintrat – so kam es zu folgenschweren Fehlern:

„Es darf auf keinen Fall wieder vorkommen – wie es an der Lotsenstelle südl. Zubringer bei dem Luftangriff am 12.6.43 eingetreten ist – daß die Lotsen vergessen, die Melde- und Berichtsblocks und die Verzeichnisse über die zusätzliche Löschwasserversorgung den auswärtigen Einheiten auszuhändigen."

[aus: 0-1-4-622 Kdo-Befehl 1150]

Gleichzeitig fand eine immer stärkere Integration der Berufsfeuerwehr in ordnungspolizeiliche Aufgaben statt. Mit Befehl vom 23. Dezember 1942 hatte die Düsseldorfer Feuerschutzpolizei bei Polizei- und Großfahndungen 50 Personen abzustellen, die an Kontrollen, Straßensperren und Razzien mitwirken sollten.

Fünf Monate später erfolgte eine Bewaffnung all jener Feuerwehrleute mit Gewehren, die bei Fahndungen als Kontrollposten Dienst leisten mussten.

Hitlerjungen in Düsseldorf nach einem Löscheinsatz im Folge eines schweren Bombenangriffs
(Bundesarchiv, -J15968)

Einsatz der Feuerschutzpolizei
im Düsseldorfer Hafen, 1941
(Stadtarchiv Düsseldorf, 127_376_008)

Gleise im Bereich des Güterbahnhofs Derendorf in Düsseldorf
(Mahn- und Gedenkstätte Düsseldorf)

EINSATZ 20.7.1942

Krankentransporte zum Güterbahnhof Derendorf

Im Oktober 1941 begann auch in Düsseldorf die Deportation der jüdischen Bevölkerung. In drei großen Transporten vom Düsseldorfer Güterbahnhof Derendorf wurden jeweils an die 1000 Menschen in die Ghettos in Osteuropa deportiert. Ab 1942 erfolgten weitere große Transporte mit Start in Düsseldorf. Mindestens für einen dieser Transporte ist die aktive Mithilfe der Feuerwehr aktenkundig geworden.

Wie bei den bereits erfolgten Deportationen sollten die vorgesehenen 1.000 Menschen am Tag zuvor auf dem Gelände des städtischen Schlachthofes an der Rather Straße „gesammelt" werden. Am 20. Juli 1942 begaben sich die vorwiegend älteren jüdischen Bürgerinnen und Bürger zum Schlachthof. Aus dem Bereich der Stadt Düsseldorf waren 330 Personen für diesen Transport in das sogenannte Altersghetto Theresienstadt vorgesehen. Einige Personen waren jedoch so alt oder krank, dass sie nicht mehr eigenständig den Weg zum Schlachthof absolvieren konnten. Viele von ihnen lebten im Haus der jüdischen Gemeinde in der Grafenberger Allee 78. Sie sollten gar nicht mehr die Nacht im Schlachthof verbringen müssen, sondern am Abfahrtstag direkt zur Sammelstelle gefahren werden.

Verantwortlich für die Planung und Durchführung war eine Abteilung der Leitstelle der Geheimen Staatspolizei Düsseldorf. Die dortige Abteilung IV 2 ließ die jüdische Gemeinde einen Krankentransport mit zwei Lkws bei der Düsseldorfer Feuerwehrschutzpolizei in der Münsterstraße 15 anfragen.

Am 25. Juli 1942 notierte ein Mitarbeiter der Düsseldorfer Feuerwehr in den Akten: „Die Krankentransporte sind am 20. und 21.7.42 ausgeführt" worden.

Im Kontext dieser beiden Einsätze der Düsseldorfer Feuerwehr muss den daran beteiligten Feuerwehrkräften sehr deutlich geworden sein, dass die „Evakuierung" oder „Umsiedlung" der jüdischen Frauen und Männer nicht zu einem Einsatz in Arbeitslagern erfolgen konnte (was von der Propaganda so dargestellt wurde), sondern dass der Zweck dieses Abtransports alter und kranker Menschen einem anderen Ziel folgen musste.

Reichsvereinigung der Juden in Deutschland – Bezirksstelle Rheinland – Jüdische Gemeinde Düsseldorf

1942 JULI 16.Juli 1942.

Düsseldorf, den

Bilkerstraße 25

Fernsprecher 118 60

Feuerschutzpolizei Düsseldorf

Feuerschutzpolizei, Krankentransporte,
Düsseldorf
Münsterstr.15.

Auf Anordnung der Geheimen Staatspolizei sollen am Montag, den 20.ds.Mts. nachmittags zwischen 17 und 19 Uhr folgende Personen in unser Altersheim Grafenberger Allee 78 durch Krankenwagen befördert werden :

von Duisburgerstr.77 :	Cohen, Jsaac Ostberg, Henriette Sara und Mann Hirsch, Emma Sara und Mann,
von Bilkerstr.25 :	Schlesinger, Henny Sara,
von Sternstr.14 :	Mayer Albert Jsrael und Frau,
von Schützenstr.39 :	Leib, Adolf Jsrael und Frau,
von Goltzheimer Klinik :	Lenzberg, Anna Sara,
von Worringerstr.56. :	Schein, Georg und Jsrael, und Frau,
von Oberkassel-Teutonenstr.9 :	Weil, Lilli Sara und Mann.

~~Ferner~~ Herr Ostberg, Herr Hirsch, Frau Mayer, Frau Leib, Frau Schein und Herr Weil sind nur Begleitpersonen und brauchen im Krankenwagen nur zu sitzen.
Ferner sollen am Dienstag, den 21.ds.Mts. ab 5 Uhr morgens folgende Personen mit Krankenwagen vom Heim Grafenberger Allee 78 zum Städtischen Gebäude, Ratherstr.23 befördert werden :
~~wie vorstehend~~ :

1). Cohen Jsaac,
2). Ostberg, Henriette Sara,
3). Hirsch, Emma Sara,
4). Schlesinger, Henny Sara,
5). Mayer, Albert Jsrael,
6). Leib Adolf Jsrael,
7). Lenzberg, Anna Sara,
8). Schein, Georg Jsrael,
9). Blum, Marg. Sara,
10). Eckstein, Samuel Jsr.
11). Jülich, Hugo Jsr.
12). Weber, Regina Sara
13). Manes, Oscar Jsr.
14). Mildenberg, Herm. Jsr.
15). Neumark, Henriette Sara,
16). Rothschild, Regina Sara.

Bezirksstelle Rheinland der
Reichsvereinigung der Juden in Deutschland
Büro Düsseldorf
Rudolf Israel Braunschweig
Rudolf Jsrael Braunschweig.

Schreiben an die Feuerschutzpolizei, Abteilung Krankentransporte, in der Feuerwache Münsterstraße vom 16. Juli 1942 (Stadtarchiv Düsseldorf, 1_1_1_7915)

Oskar Manes, um 1940. Der 84-Jährige wurde mit 15 Anderen aus dem Altersheim der jüdischen Gemeinde in der Grafenberger Allee 78 abgeholt.

Anna Lenzberg mit ihrem Patenkind Marita. Die 77-Jährige sollte aus der Golzheimer Klink abgeholt werden, verstarb aber wenige Stunden zuvor. (beide: Mahn- und Gedenkstätte Düsseldorf)

mussten. Obwohl einmal vorher ausdrücklich die Mitnahme von RM 5o,.- pro Person als Reisegeld gestattet worden war, wurde dann auf dem Schlachthof auch dieser Betrag wieder abgenommen.
Wenn der Angeklagte auch die später dann doch verschickten Eheleute Spatz und den Juden Grunwald auf ärztliches Attest hin von 2 Transporten, sowie die Wwe Tondorf und eine Ärztin im jüdischen Altersheim von 1 Transport zurückgestellt hat, so sind doch auch alte, gebrechliche und kranke Menschen, wie eine blinde Frau Weber, eine Frau Weil und der Ehemann Herzfeld, die auf Tragbahren zur Abfahrt gebracht werden mussten, mit verschickt worden. Ebenso war die schwerkranke Jüdin Wolf für den Abtransport vorgesehen. Als der Zeuge Sieradz, der zum Abholen dieser Kranken bestimmt worden war, den Angeklagten fernmündlich unter Hinweis auf den schlechten Gesundheitszustand der Frau Wolf noch einmal um eine Ausnahme bat, bestand jener auf den Abtransport mit der Bemerkung, sie müsse mit, ~~ob~~ gleichgültig ob tot oder lebendig. Nach der Eröffnung dieser Entscheidung beging Frau Wolf Selbstmord, indem sie aus dem Fenster sprang. Das teilte der Zeuge Sieradz dem Angeklagten wiederum fernmündlich mit und erhielt darauf die Antwort, hoffentlich sei das Luder wenigstens gleich tot gewesen. Die jüdischen Eheleute Zürndorfer ~~hatte~~ teilte der Angeklagte zum ersten Transport nach Lodz ein~~geteilt~~ und lehnte jede Zurückstellung ab~~gelehnt~~, obwohl beide bis auf das Arbeitsbefreiungszeugnis der noch nicht 45 jährigen Ehefrau alle Papiere für eine Auswanderung nach Cuba zusammen hatten. Er ~~hat~~ begründete seine Ablehung damit ~~begründet~~, dass sie die Auswanderung vom neuen Wohnort aus weiter betreiben könnten. Der Zeuge Prager, den ein Mitbewohner des Hauses namens Krause aus der Wohnung heraus haben

Teil der Urteilsbegründung aus dem Prozess gegen den früheren Gestapobeamten Georg Pütz, 1949 (Yad Vashem, TR.19, File 161)

B e s c h e i n i g u n g

Der Ehefrau Else G e h r i n g ,geb.Henneböhl,hier, Kirchfeldstr.87 wohnhaft,wird hiermit bescheinigt,dass ihr Ehemann,der Tapezierer-und Polsterermeister Georg G e h r i n g geb.am 10.11.1887 zur Luftschutzpolizei eingezogen worden ist. Gehring ist am 6.11.43 vom SS-und Polizeigericht aus politischen Gründen (Zersetzubg der Wehrkraft) zum Tode verurteilt worden.Das Urteil ist am 11.3.44 auf der Golzheimer Heide vhllstreckt worden.

Der Oberbürgermeister
Polizeiverwaltung Düsseldorf
Im Auftrage :

(L.S.)

gez: G e h r k e
Hauptmann der Schutzpolizei

Bescheinigung aus der Wiedergutmachungsakte von Georg Gehring (Stadtarchiv Düsseldorf, 0-1-32-1140010/003)

6. November 1943

Zum Tode verurteilt: Der Fall Georg Gehring

Als Hilfskraft der Feuerluftschutzpolizei arbeitete der 1887 geborene Georg Gehring seit 1940. Gelernt hatte der verheiratete Gehring eigentlich den Beruf des Tapezierer- und Polsterermeisters.

In der Gaststätte Josef Wienen (Ecke Kirchfeldstraße 137/Morsestraße) äußerte sich Georg Gehring laut einer Denunziation eines SS-Oberscharführers am 21. März 1943 abfällig über die SA und SS und wurde bei der Geheimen Staatspolizei (Gestapo) angezeigt. Diese wurde tätig und verhörte weitere Zeugen des „Vorfalls". Als Feuerwehrmann unterstand Gehring jedoch formal der SS- und Polizeigerichtsbarkeit.

Vom Düsseldorfer SS- und Polizeigericht II mit Sitz im Gebäude Kaiser-Friedrich-Ring 25 in Düsseldorf-Oberkassel, wurde Georg Gehring am 6. November 1943 wegen „Wehrkraftzersetzung" zum Tode verurteilt. Anklagevertreter war Major Helmut Walter (Düsseldorfer Feuerschutzpolizei). Der Vorsitzende war SS-Hauptsturmführer Knigge.

Ein Gnadengesuch wurde abgelehnt. Georg Gehring wurde am 11. März 1944 auf der Golzheimer Heide in Düsseldorf standrechtlich erschossen.

Nach dem Krieg bemühte sich seine Witwe um Wiedergutmachung. Sie sagte bei ihrer Befragung am 24. April 1950: „Der jetzige Pol. Inspektor des Polizeigefängnisses war damals Beisitzer beim Gericht und ist über die Vorgänge genauestens orientiert und bitte ich auch dessen Stellungnahme einzuholen."

Am 29. Dezember 1952 wurde Georg Gehring offiziell als Verfolgter der nationalsozialistischen Gewaltherrschaft anerkannt. Gegen den Beschluß legte am 23. Januar 1953 der Innenminister des Landes Nordrhein- Westfalens Beschwerde ein. „Aus der Begründung ist nicht ersichtlich, ob der Betroffene aus politischen Gründen gehandelt hat. Bei Wehrmachts-Straftaten halte ich aber einen besonders gründlichen Nachweis der Ursachen der Verfolgung für erforderlich." Die Beschwerde wurde als unbegründet zurückgewiesen.

FEUERWEHR
IM KRIEG

1943

DIE DÜSSELDORFER FEUERWEHR IM FRONTEINSATZ

Trotz des hohen Bedarfs an Feuerwehrmännern in Düsseldorf wurden mindestens 40 zur Wehrmacht eingezogen. Teilweise wurden sie als normale Soldaten der kämpfenden Truppe, teilweise als Feuerwehrleute eingesetzt. Zudem wurden knapp 30 Feuerwehrleute an das Feuerwehr-Regiment 1 „Sachsen" abgeordnet. Zusammen mit weiteren Einheiten sollte es Aufgaben des Brandschutzes zunächst innerhalb der Reichsgrenzen, dann auch in den besetzten Gebieten wahrnehmen. Die Feuerwehrregimenter waren trotz ihrer militärischen Organisation keine Wehrmachtseinheiten, sondern unterstanden als Polizei weiterhin dem Reichsinnenminister. Zusammen mit weiteren etwa 400 Personen wurden die Düsseldorfer Feuerwehrleute zunächst in den westlichen Besatzungsgebieten Belgien, Niederlande und an der nordfranzösischen Atlantikküste eingesetzt. Hier war es ihre Aufgabe, wichtige militärische Anlagen zu schützen (zum Beispiel U-Boot-Häfen) und nach Luftangriffen Löscheinsätze zu leisten.

Im Jahr 1943 wurden die mittlerweile sechs Feuerwehr-Regimenter neu organisiert und auf zehn Abteilungen aufgeteilt. Mindestens ein Düsseldorfer Feuerwehrmann wurde 1944 an Flammenwerfern ausgebildet und nach Warschau abkommandiert, wo eine Feuerwehr-Abteilung als Teil der kämpfenden Truppe an der Niederschlagung des „Warschauer Aufstands" beteiligt war.

Mindestens 20 Düsseldorfer Berufsfeuerwehrleute überlebten den Krieg nicht. Zehn starben bei Einsätzen in Düsseldorf, weitere zehn als Soldaten während des Krieges oder später in der Kriegsgefangenschaft.

Feuer als Waffe

Während des Krieges wurde auf allen Seiten Feuer auch als Waffe eingesetzt. Die Alliierten setzen bei ihren Bombenangriffen auf deutsche Städte gezielt Brandbomben ein. Aber auch auf deutscher Seite war bei Bombenangriffen die zerstörerische Kraft des Feuers bewusst eingesetzt worden, beispielsweise 1940 bei der Bombardierung der Stadt Rotterdam. Auch im Kampf gegen Partisanen wurden gezielt Brände gelegt.

EINSATZ 12.6.1943

Feuer als Waffe: 12. Juni 1943

Einer der schlimmsten Angriffe ging als „Pfingstangriff" vom 12. Juni 1943 in die Düsseldorfer Stadtgeschichte ein. Ganze Straßenzüge standen in Flammen, allein 41.000 Phosphorbrandbomben entfachten unzählbare Brände. Noch während des Angriffes rückten die Löschmannschaften aus, aber die gleichzeitigen Brände waren nicht zu bewältigen.

In der Folgezeit kapitulierte auch der Oberbürgermeister Dr. Carl Haidn sprachlich vor der Realität. Er verfügte am 15. März 1944 kurz, bündig und hilflos die *„Beseitigung der Wörter ‚Katastrophen-Einsatz' und ‚Soforthilfe'. Als Ersatz für das Wort ‚Katastrophen-Einsatz' ist künftig die Bezeichnung ‚Luftkriegseinsatz' zu wählen. Auch das Wort ‚Soforthilfe' ist nicht mehr anzuwenden."*

Feuersturm im Juni 1943 in Düsseldorf (bpk/Hanns Hubmann)

EINSATZ 18.8.1944

Das Foto machte der SS-Fotograf Schremmer und gab es am 11. September 1944 mit dem Text „Jedes Widerstandsnest der Aufständischen muss einzeln ausgeräuchert werden" heraus. (Bundesarchiv, Bild 146-1996-057-10A)

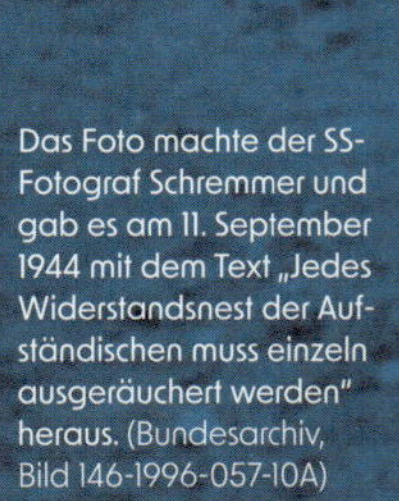

Feuer als Waffe: 18. August 1944

Im Sommer des Jahres 1944 erhob sich die polnische Bevölkerung der Stadt Warschau zu einem Aufstand gegen die deutschen Besatzer. Es kam zu heftigen Kämpfen.

Am 13. August 1944 begannen 39.000 deutsche Soldaten, die Aufständischen in der Warschauer Altstadt einzukesseln, und es entwickelte sich ein Häuserkampf. Vonseiten der Deutschen wurden auch Flammenwerfer eingesetzt, um die polnischen Widerstandskämpfer zum Verlassen der Häuser zu zwingen. Der Düsseldorfer Feuerwehrmann Hermann Stolpe (1913–2007) gehörte zu der beteiligten Feuerwehrabteilung, die gezielt mithilfe mobiler Flammenwerfer Brände legte.

Der Düsseldorfer Feuerwehrmann Hermann Stolpe (1913–2007) (Stadtarchiv Düsseldorf, 0_1_5_71999)

Fotos aus dem brennenden Warschau im August 1944 (POLIN)

Jugendliche und Frauen werden zur Verstärkung herangezogen

Die steigende Zahl der Einsätze nach den Bombenangriffen führten dazu, dass auch Jugendliche und Frauen in die Luftschutzpolizei aufgenommen wurden. Sogenannte „HJ-Feuerwehrscharen" waren vermehrt seit Kriegsbeginn aufgestellt worden. Sie hatten von Berufsfeuerwehrkräften in abenteuerlich anmutenden Übungen den Umgang mit Drehleitern, Schläuchen und Strahlrohren gelernt. Einsätze in bombardierten und brennenden Städten waren zu dieser Zeit noch weit entfernt gewesen. Ab 1942/43 wurden nun auch diese „HJ-Feuerwehrmänner" immer öfter als vollwertige Kräfte eingesetzt, zunächst für Lotsendienste, später auch direkt in den bombardierten Stadtteilen. Die Frauen leisteten meist Botendienste oder arbeiteten in den Büros der Feuerwachen.

Schwer verletzt im Einsatz – die Luftschutzhelferin Marga von der Ehe

Vor den Gefahren des Luftkrieges waren die weiblichen Kräfte der Luftschutzpolizei – wie die junge Luftschutzhelferin Marga von der Ehe – ebenso wenig geschützt wie ihre männlichen Kollegen. Anfang April 1945 wurde die Feuerwache an der Münsterstraße von den amerikanischen Streitkräften gezielt angegriffen. Die 18-jährige Marga, die als Schreibkraft in der Feuerwache arbeitete, wurde direkt vor Ort dem Sanitätstrupp zugeordnet. Während sie Verwundeten half und die Sanitäter unterstützte, wurde sie selbst von Granatsplittern verletzt. Trotz Erster Hilfe und direkter Überführung ins nahegelegene Marienhospital mussten die Ärzte Marga ein Bein amputieren. Der Verlust ihres Beines muss für die junge Frau und ihre Familie ein furchtbarer Schock gewesen sein. Die Tragweite der Verletzung für ihre soziale und berufliche Zukunft war – insbesondere in den ersten Nachkriegsjahren – kaum absehbar.

Der kurze Einsatz des Ewald Hinderkott

Als „HJ-Feuerwehrmänner" wurden zu Kriegsende auch auswärtige Jungen – wie der 1929 in Paderborn geborene Ewald Hinderkott – in den Luftschutzpolizei-Dienst jener Städte abgeordnet, die besonders gefährdet waren. Nur wenige Tage nach seinem 15. Geburtstag wurde Ewald zum „langfristigen Notdienst" in Düsseldorf verpflichtet.

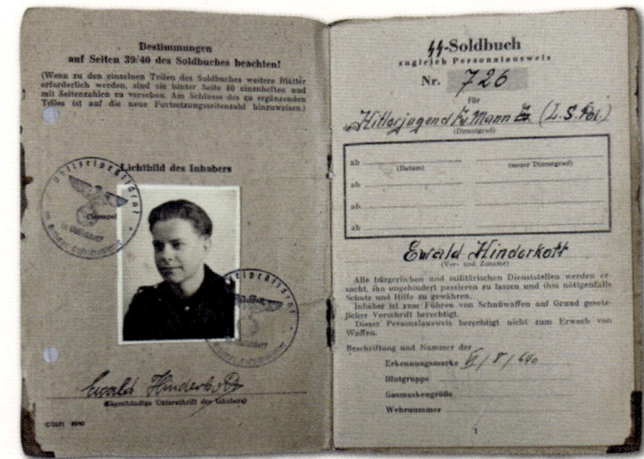

Bestimmungen
auf Seiten 39/40 des Soldbuches beachten!
(Wenn zu den einzelnen Teilen des Soldbuches weitere Blätter erforderlich werden, sind sie hinter Seite 40 einzuheften und mit Seitenzahlen zu versehen. Am Schlusse des zu ergänzenden Teiles ist auf die neue Fortsetzungsseitenzahl hinzuweisen.)

Lichtbild des Inhabers

Ewald Hinderkott
(Eigenhändige Unterschrift des Inhabers)

ϟϟ-Soldbuch
zugleich Personalausweis
Nr. 726
für
Hitlerjugend F. Mann (L.S.Pol.)
(Dienstgrad)

ab ... (Datum) ... (neuer Dienstgrad)
ab
ab
ab

Ewald Hinderkott
(Vor- und Zuname)

Alle bürgerlichen und militärischen Dienststellen werden ersucht, ihn ungehindert passieren zu lassen und ihm nötigenfalls Schutz und Hilfe zu gewähren.
Inhaber ist zum Führen von Schußwaffen auf Grund gesetzlicher Vorschrift berechtigt.
Dieser Personalausweis berechtigt nicht zum Erwerb von Waffen.

Beschriftung und Nummer der
Erkennungsmarke
Blutgruppe
Gasmaskengröße
Wehrnummer

1

Soldbuch von Ewald Hinderkott (Stadtarchiv Düsseldorf, 0_1_7_1797)

Als Mitglied der dritten Abteilung des Feuer- und Entgiftungsdienstes wurde er ab Januar 1945 im Düsseldorfer Süden eingesetzt. Wie die anderen Kräfte seiner Einheit riskierte er wiederholt bei gefährlichen Lösch- und Bergungsmanövern sein Leben. In diesen Situationen war Ewald fortwährend mit Gewalt und Zerstörung konfrontiert – es ist schwer vorstellbar, dass er nicht unter diesen psychischen Belastungen litt. Ohne familiären Rückhalt – Ewalds Mutter lebte weiterhin in Paderborn – wurden Ewald sowie viele dienstverpflichtete Jugendliche mit diesen traumatischen Erfahrungen und ihren Ängsten allein gelassen. Für die Überlebenden war dies nach Kriegsende eine schwere Last. Doch viele HJ-Feuerwehrmänner überlebten ihre Einsätze nicht.

Ein kurzer Vermerk in Ewalds Soldbuch verrät, dass er am 9. April 1945 als Angehöriger des so genannten Polizeibataillons Walter gefallen ist. Diese „Kampfgruppe Walter" stand unter der Führung des fanatischen Majors der Feuerschutzpolizei Helmut Walter. Sie war zur Verteidigung der Stadt vor den US-amerikanischen Truppen im Einsatz. Am 17. April 1945 endete der Krieg in Düsseldorf – nur wenige Tage nachdem Ewald Hinderkott sein Leben verloren hatte.

Löscharbeiten am 25. August 1943 mit Feuerwehrjungen der Hitlerjugend in Düsseldorf. Der Propagandafotograf Genzler schrieb dazu: „10 Minuten nach dem Terrorangriff. Einsatz des HJ-Schnellkommandos. Schon mehrere Stunden ununterbrochen sind diese Jungens mit den Löscharbeiten beschäftigt." (Bundesarchiv 183-J15960)

Menschen, darunter viele Frauen, auf dem bereits ziemlich zerstörten Düsseldorfer Burgplatz im September 1942
(Stadtarchiv Düsseldorf, 127-119-023)

Der Kommandeur der Schutzpolizei
und der Luftschutzpolizei
L-5443-

Düsseldorf, den 19.3.45

1. Die Helferin Käthe Brandenburg hat sich am 8.3.45 unter Mitnahme ihres Gepäcks von ihrer Einheit entfernt. Es ist anzunehmen, dass sie damit ihre Entlassung herbeiführen wollte. Da ein Fahndungsersuchen unter den derzeitigen Umständen sehr schwierig ist, wird die B. aus Zweckmässigkeitsgründen entlassen.

2.) U.

L. Ak. S ü d

zur Durchführung der Entlassung.

Als Grund für die Entlassung ist eigener Wunsch anzugeben.

S. Ak. Süd
Eing. 21. MRZ. 1945
Abt.

Jürgens

Der Kommandeur der Schutzpolizei und der Luftschutzpolizei, Franz Jürgens, lässt im März 1945 Gnade vor Recht ergehen. Er hätte auch auf Wehrkraftzersetzung plädieren können, was für Käthe Brandenburg zu erheblichen negativen Konsequenzen geführt hätte.
(Stadtarchiv Düsseldorf, 1-1-1-7929.0000)

Unbeachtet, aber unentbehrlich – Frauen in der Luftschutzpolizei

Lösch- und Bergungsmanöver während der Luftangriffe in Düsseldorf, Einsätze in den bombardierten Städten der Umgebung, Erntehilfe im Sommer oder Enteisung der Löschwasser-Reservoirs im Winter – die Aufgaben des Feuer- und Entgiftungsdienstes waren sehr verschieden, die Männer der Einheiten scheinbar jederzeit und allerorts im Einsatz. Frauen tauchten in den offiziellen Dienstlisten der Luftschutzpolizei zunächst nicht auf, auf ihren Einsatz in Kriegszeiten konnte dennoch nicht verzichtet werden.

Trotz Personalmangel und Anstieg der Einsätze durften die Aufgaben der „weiblichen Gefolgschaftsmitglieder" aber nicht aus dem ideologisch festgesteckten Rahmen fallen. Sie wurden ab Oktober 1942 mehrheitlich als Schreibkräfte und Schneiderinnen eingestellt – sofern sie kinderlos waren. Beförderungen innerhalb der Luftschutzpolizei, wie ihn viele Männer durchliefen, blieben Frauen verwehrt. Auch die Höhe ihres Gehalts wurde auf eine niedrige Vergütungsgruppe festgelegt.

Insbesondere in den letzten beiden Kriegsjahren wurden junge Frauen in den Luftschutzpolizeidienst eingereiht und dienstverpflichtet. Sie reinigten Uniformen, reparierten Ausrüstungen und verfassten wichtige Nachrichten und Bescheinigungen – essentielle Aufgaben, die für die Organisation und den Ablauf in den Abteilungen des Feuer- und Entgiftungsdienstes unverzichtbar waren.

Im März 1945 – wenige Wochen vor Kriegsende – nahmen einige Frauen, wie die junge Käthe Brandenburg, ihr Schicksal selbst in die Hand: Mitsamt ihres Gepäcks verließ sie ihre Einheit im Düsseldorfer Süden und kehrte nicht mehr zurück. Die Reaktion des Kommandeurs der Luftschutzpolizei Franz Jürgens auf Käthes selbstbestimmtes Handeln fiel nüchtern aus:

„[...] Es ist anzunehmen, dass sie damit ihre Entlassung herbeiführen wollte. Da ein Fahndungsersuchen unter den derzeitigen Umständen sehr schwierig ist, wird die B. aus Zweckmässigkeitsgründen entlassen."

Bis Ende März verschärfte sich die Kriegslage nochmals. In der Luftschutzpolizei setzte daraufhin eine Entlassungswelle ein: viele junge Frauen – bisher eingesetzt als Schreibkräfte und Schneiderinnen - schieden sofort aus dem Dienst aus. Für viele ein rechtzeitiges Ende – und der Anfang einer neuen, ungewissen Lebensphase.

Kommando der Feuerschutzpolizei Düsseldorf, den 30.10.1942
-.-.-.-.-.-

Kommandobefehl Nr. 1081.

Betrifft: Verwendung von Frauen in der Luftschutzpolizei.

1. Der Reichsführer SS hat vermehrte Verwendung von Frauen in der Luftschutzpolizei befohlen. Sie sollen hier hauptsächlich im Wirtschaftsdienst, als Schreibkräfte und Handwerkerinnen (Schneiderinnen) verwendet werden.

2. Ich ersuche alle Angehörigen der Feuerschutzpolizei und der LS-Polizei (FE-Dienst) ihre Ehefrauen, soweit sie kinderlos sind, zu veranlassen, daß sie sich freiwillig für die Luftschutzpolizei zur Verfügung stellen.
Darüber hinaus ersuche ich die Feuerschutzpolizei und die LS-Polizei (FE-Dienst) auch die Werbung in ihrem Bekannten- und Verwandtenkreis durchzuführen.

3. Hinsichtlich der Abfindung und Sozialversicherung finden die für weibliche Angehörige der LS-Polizei geltenden Bestimmungen Anwendung. Die Frauen werden in Vergütungsgruppe 2 eingestuft.

4. Vor der Heranziehung findet ärztliche Untersuchung statt.

5. Meldungen umgehend an das Kommando der Feuerschutzpolizei Abt. Lu. Es müssen Fragebogen ausgefüllt werden, die bei dem Kommando der Feuerschutzpolizei Abt. Lu erhältlich sind.
Erste Meldung zum 9.11.42 spätestens.
Weitere Meldungen können dann laufend nachgereicht werden.

5. Die Werbung ist nachdrücklich zu betreiben, insbesondere auch innerhalb und durch die Feuerschutzpolizei.

gez. Riede.

Ausgefertigt:

Stadtoberinspektor.

(Stadtarchiv Düsseldorf, 1_1_1_8081)

KZ-Häftlinge bei Räumungsarbeiten auf der heutigen Heinrich-Heine-Allee, Ecke Ratinger Straße (Stadtarchiv Düsseldorf, 122_300_002)

Auch Kriegsgefangene wurden zur Zwangsarbeit herangezogen (Mahn- und Gedenkstätte Düsseldorf)

EINSATZ 25.3.1945

Zum KZ-Bewachungskommando abgeordnet

Am 25. März 1945 meldet die I. Feuerlösch- und Entgiftungsabteilung: *„Die zum KZ.-Bewachungskommando abgeordneten Männer sind sämtlich zu ihrer Einheit zurückgekehrt bis auf den Wachtmeister der LSP Robert Eckardt, der sich bis heute noch nicht bei seiner Einheit, der 1. FE. Abt., gemeldet hat."*

Worum ging es? In Düsseldorf befanden sich mehrere Außenstellen des Konzentrationslagers Buchenwald. Im sogenannten „Kommando Berta" waren viele KZ-Häftlinge eingesetzt. Sie mussten Trümmer beseitigen, Blindgänger bergen oder für Rüstungsbetriebe wie die Düsseldorfer Firma Rheinmetall-Borsig arbeiten.

Das KZ-Außenlager und die KZ-Arbeitskommandos unterstanden der SS. Das Wachpersonal dagegen wurde vom Düsseldorfer Polizeipräsidenten angefordert. Es bestand aus Polizisten sowie Mitgliedern der Luftschutz-Polizei, unter ihnen waren auch Mitglieder der Berufsfeuerwehr. Sie konnten bei diesen Einsätzen einen direkten Eindruck von den menschenunwürdigen Arbeits- und Haftbedingungen der KZ-Häftlinge gewinnen. Die KZ-Häftlinge wurden insbesondere beim unmittelbaren Einsatz nach schweren Bombenangriffen eingesetzt. Sie wurden gezwungen, die gefährlichen Suche und Bergung von Blindgängern und Bomben mit Langzeitzünder durchzuführen.

ОСТОВЕРЕНИЕ—ПОСВІДЧЕНН

Е № 241497

Личная подпись шофера
Особовий підпис шофера

Выдано
Квалификационной комиссией Госавтоинспекции Управления Р.-К. Милиции

Видано
Кваліфікаційною комісією Державтоінспекції Управління Р.-С. Міліції

на основании протокола №
на підставі протоколу
от
від 193 р.

ТАЛОН
на право управления автомобилем в течение 3-х суток с момента отобрания удостоверения
Фамилия шофера
Имя
Паспорт №

Auch der Inhaber dieses Führerscheins wurde bei der Düsseldorfer Berufsfeuerwehr als Hilfskraft eingesetzt (Stadtarchiv Düsseldorf, 0_1_7_1797)

DÜSSELDORFER FEUERWEHRMÄNNER AM KRIEGSENDE

Der Rhein trennte die kämpfenden Truppen: Die linksrheinischen Stadtteile Oberkassel und Heerdt waren von den US-Truppen eingenommen worden, in den rechtsrheinischen Stadtteilen versuchte die deutsche Wehrmacht die Stellung zu halten. Angriffe aus der Luft und wiederkehrendes Artilleriefeuer auf beiden Seiten des Rheins verwandelten die Düsseldorfer Innenstadt in einen gefährlichen Kriegsschauplatz.

Zur deutschen „Kampfgruppe" dieser Tage gehörten neben Schutzpolizisten und Mitgliedern des Volkssturms auch Feuerschutzpolizisten. Sie alle waren dem Düsseldorfer Kommando der Wehrmacht unterstellt und wurden nach kurzer, völlig unzureichender Unterweisung an Waffen in die Stellungen, zum Beispiel direkt an der Rheinfront, verwiesen.

Auch rechtsrheinisch rückten die amerikanischen Truppen immer schneller auf Düsseldorf zu – trotzdem wurde von der NS-Führung der Befehl herausgegeben, Düsseldorf „bis zum letzten Mann" zu halten.

Mitte April 1945 war Düsseldorf von den US-Truppen völlig eingeschlossen, ein Ausbruch aus diesem Kessel war unmöglich geworden. Die Situation hatte zur Folge, dass einige jüngere und ältere Wehrmachtssoldaten aus den Stellungen entlassen wurden. Bei den Verbliebenen machten sich daraufhin Unruhe und Angst breit, die zu Protest und letztlich gewalttätigen Übergriffen in den Stellungen führten. Die Beschwerden darüber, dass sie die Einzigen seien, die nicht entlassen würden, richteten die Feuerschutzpolizisten an den Major der Feuerschutzpolizei Helmut Walter. Die unmittelbaren Konsequenzen trugen jedoch die Verbliebenen vor Ort: Chaos und Verzweiflung führten in mindestens einem Fall zu einem Suizid.

oben:
Einsatz der Feuerschutzpolizei in Düsseldorf im letzten Kriegsjahr
(Stadtarchiv Düsseldorf 1_1_1.8116.0004)

Die Kirche St. Andreas in der Düsseldorfer Altstadt brennt nach einem Bombenangriff, 1942. Viele Gotteshäuser in Düsseldorf waren am Kriegsende stark zerstört.
(Stadtarchiv Düsseldorf 126-210-004)

Die Rheinfront in Düsseldorf mit zerstörter Brücke, 1945 (Mahn- und Gedenkstätte Düsseldorf)

Zerstörte Düsseldorfer Innenstadt
im Frühjahr 1945
(Mahn- und Gedenkstätte Düsseldorf)

Wie verhielten sich Leitende Feuerschutzpolizisten?

Nationalsozialistischer Antreiber:

Der Major der Feuerschutzpolizei Helmut Walter (1906–21.5.1945) befehligte als Vertreter des Kampfgruppenkommandeurs Brumshagen in den letzten Kriegstagen ein Bataillon von Feuerschutzpolizisten. Einige von ihnen sagten unmittelbar nach Ende des Krieges aus, dass Walter als überzeugter Nationalsozialist unmenschlich gehandelt und das Leben seiner Untergebenen in Gefahr gebracht hätte: So habe er sie noch kurz vor der Befreiung Düsseldorfs elf Stunden Posten stehen lassen, sie beschimpft und sie fanatisch immer wieder zum Widerstand gegen die US-amerikanischen Truppen aufgerufen.

Plötzlich dienstunfähig:

Ralf Stockmar, Hauptmann der Feuerschutzpolizei, war als Abschnittskommandeur der Feuerschutzpolizei verantwortlich für eine Einheit. Mit seinen Untergebenen wurde er zur Verteidigung der Rheinfront eingesetzt, zuletzt in Düsseldorf-Himmelgeist. Am 7. April 1945 meldete sich Stockmar mit Attest krank. Das Kommando über seine Einheit übergab er seinem Vertreter Hubert Schalljo und zog sich in die Feuerwache Behrenstraße zurück. Schalljo folgte ihm kurze Zeit später – auch er war laut ärztlicher Bescheinigung dienstunfähig. Das Kommando und damit die Verantwortung für die Einheit hatte er wiederum weitergegeben. Vermutlich nutzten beide ihren Dienstrang dazu aus, auf dem legalen Weg der Krankschreibung aus der gefährlichen Stellung an der Rheinfront zu fliehen. Dies blieb anderen Soldaten verwehrt. Sie wurden auch bei Krankheit nicht geschont, zurück in ihre Stellung gebracht und konnten nach Fluchtversuchen von Standgerichten zum Tode verurteilt werden. Stockmar ließ seine Einheit zurück und nahm mögliche Folgen für die verbliebenen Männer billigend in Kauf. Nach dem Krieg behauptete er, er hätte den verbliebenen Feuerwehrleuten seiner Einheit einen inoffiziellen Rückzugsbefehl gegeben.

In den Suizid:

Der Leutnant der Feuerlöschpolizei der Reserve Kurt Post wurde im April 1945 zur Verteidigung der Rheinfront als Nachfolger von Stockmar und Schalljo eingesetzt. Am Abschnitt an der Rheinfront in Himmelgeist herrschte eine chaotische Lage – der Befehl zum unbedingten Widerstand auf der einen Seite, die rasch vorrückenden amerikanischen Truppen auf der anderen Seite und die Proteste der verbliebenen, ihn zum Rückzug drängenden Feuerschutzpolizisten seiner Einheit. Ob ihn das Chaos oder die bevorstehende militärische Niederlage als überzeugter Nationalsozialist in den Tod, trieb ist nicht eindeutig ermittelbar: Nach einem letzten Anruf in der Feuerwache Behrenstraße, den Ralf Stockmar entgegennahm, beging Kurt Post wenige Tage vor der Befreiung Düsseldorfs Selbstmord.

Oberbranddirektor
RALF STOCKMAR

(Estnisches Feuerwehr Museum)

Ralf Stockmar wurde am 12. August 1906 in Reval geboren. 1926 machte er dort sein Abitur. Schon mit 13 Jahren engagierte er sich in der freiwilligen Feuerwehr. Er studierte Elektrotechnik in Berlin und absolvierte Volontariate bei der Berliner und Hamburger Berufsfeuerwehr. 1930 wurde er in die Streitkräfte von Estland einberufen. 1931 bis 1932 arbeitete er als Prokurist und danach bis 1937 für die Stadtverwaltung Reval als Brandingenieur und stellvertretender Branddirektor. Danach leitete er die Werksfeuerwehr der Estnische Steinöl AG in Kivoli bis Ende 1939.

Nach Beginn des Zweiten Weltkriegs musste Ralf Stockmar als Angehöriger der deutschen Minderheit Estland verlassen. Er kam nach Litzmannstadt und war dort von 1940 bis 1943 als Hauptmann der Feuerwehr eingesetzt. Stockmar war nach eigenen Angaben weder Mitglied der NSDAP noch der SS.

Am 7. August 1943 wurde er nach Düsseldorf abgeordnet und am 3. November 1943 zum Kommandeur des Abschnittskommandos Mitte berufen. In den letzten Kriegstagen, am 3. März 1945, sollte Stockmar mit seiner Einheit die Verteidigung der Stadt Düsseldorf an der Rheinfront übernehmen. Kurz darauf wurde er mit seiner Einheit nach Eller verlegt, und nach zehn Tagen wurde ihm die Verteidigung des Abschnitts bei Schloss Mickeln übertragen. Am 7. April 1945 ließ er sich dienstunfähig schreiben und kehrte in die Feuerwache an der Behrenstraße zurück. Nach eigener Aussage habe er einen Rückzugsbefehl für seine Einheit gegeben und am 15. April 1945 in der Feuerwache 4 die Zerstörung von Waffen und Munition angeordnet.

Nach Kriegsende wurde er am 26. Juli 1945 von der Militärregierung als Oberbranddirektor eingesetzt und mit der Leitung der Berufsfeuerwehr Düsseldorf betraut. Ralf Stockmar war nach Kriegsende mit anonymen Anschuldigungen aus der Reihen der Feuerwehr konfrontiert: Es ging um seine angebliche Mitgliedschaft in NSDAP und SS sowie um einen Befehl zur Sprengung des Wasserwerks Düsseldorf in den letzten Kriegstagen.

Vor dem Amtsgericht Düsseldorf wurden am 22. Juli 1948 Verfahren gegen ihn eingeleitet wegen Verbrechen gegen die Menschlichkeit, die aber am 17. August 1948 wegen Mangels an Beweisen eingestellt wurden. Seine Anstellung auf Lebenszeit erhielt er am 27. Dezember 1949. Ralf Stockmar trat am 1. Oktober 1966 in den Ruhestand und verstarb am 27. November 1984.

Das Gebäude der Feuerwache an der Münsterstraße wies zu Kriegsende auch Kriegsspuren auf. Es war bei einem Angriff am 2. November 1944 getroffen worden. (Stadtarchiv Düsseldorf, 1_1_1_8117)

FEUERWEHR NACH 1945

ENTNAZIFIZIERUNG

Unmittelbar nach Kriegsende begann auch bei der Düsseldorfer Feuerwehr die sogenannte „Entnazifizierung". Zunächst wurden verdächtige Personen durch die Militärregierung vom Dienst suspendiert. Gründe hierfür waren in erster Linie die Mitgliedschaft in der NSDAP oder ihr angeschlossener Organisationen (etwa SA) bereits vor dem Jahr 1933.

Hinzu kamen Feuerwehrleute, deren Parteimitgliedschaft als eindeutig karrierefördernd eingeschätzt wurde. Im November 1946 war eine erste Überprüfung abgeschlossen worden. Sie ergab, dass von den etwa 300 Feuerwehrleuten 35 ihren Dienst dort nicht mehr ausüben durften.

Mit einem 1951 beschlossenen Bundesgesetz, das Bezug auf Artikel 131 des Grundgesetzes nahm, wurde versucht, möglichst viele Suspendierte oder Entlassene dann doch erneut im öffentlichen Dienst zu beschäftigen. Dies galt natürlich auch für die Düsseldorfer Feuerwehr, sodass am Ende nur sieben Feuerwehrleute auf Dauer vom Dienst ausgeschlossen blieben und auch sonst keine Wiederverwendung in der Stadtverwaltung fanden. Hier war meist das Votum des Betriebsrats der Feuerwehr ausschlaggebend. Dessen Begründung wies oft in Richtung einer überzeugten Parteimitgliedschaft und/oder Beteiligung an Verfolgungsmaßnahmen. Die übrigen 28 Personen kamen wieder bei der Feuerwehr oder anderen städtischen Behörden unter, hatten sich beruflich gänzlich neu orientiert oder waren mittlerweile verstorben.

Feuerwehr-Vorführung in der Nachkriegszeit (Stadtarchiv Düsseldorf, 5_8_6_0602_0034)

Wer entschied über die Entnazifizierung? Und welche Rolle spielte der Betriebsrat der Feuerwehr?

Wiedereingestellt – Hermann Stolpe

Einer der zunächst Entlassenen war der 1913 geborene und bereits 1931 der NSDAP beigetretene SA-Oberscharführer Hermann Stolpe. Der gelernte Maler war ab 1939 bei der Berufsfeuerwehr Düsseldorf tätig. Nach seiner Rückkehr aus der amerikanischen Kriegsgefangenschaft im Juli 1945 – er war mittlerweile wegen seiner NSDAP-Parteimitgliedschaft vom Dienst suspendiert – kündigte er. Angeblich wolle er wieder als Maler arbeiten.

1953 stellte er im Kontext des „131er Gesetzes" einen Antrag auf Wiedereinstellung und führte aus: „Ich war stets ein begeisterter Feuerwehrmann und meine Leistungen, sei es im Feuerlöschdienst oder bei der Menschenrettung, haben stets Anerkennung gefunden." Er schrieb weiter: „Als Flammenwerfer eines Feuerschutzpolizeibataillons bei den Kämpfen des Warschauer Aufstandes Ende 1944 zog ich mir eine schwere Vergiftung zu, die eine monatelange Behandlung im Lazarett erforderlich machte." Trotz letzterem galt er nun aufgrund der neuen gesetzlichen Bestimmungen als „unterbringungsberechtigt" und wurde nach einem positiven Votum des Betriebsrats der Feuerwehr („Nachteiliges wurde über den ehemaligen Feuerwehrmann Hermann Stolpe nicht bekannt.") im Januar 1954 wiedereingestellt. Er starb 2007.

Entlassen – Heinrich Bach

Der 1905 geborene Heinrich Bach, ein gelernter Dekorationsmaler, trat 1931 in die NSDAP ein und arbeitete seit 1936 bei der Düsseldorfer Feuerwehr. In der Personalakte ist zudem eine SA-Mitgliedschaft vermerkt, seine Kollegen bei der Feuerwehr bezeichneten ihn später als SS-Mann. Nach dem Krieg wurde er suspendiert und arbeitete als Bergmann in Herne. Bereits 1950 stellte er einen Antrag auf Wiedereinstellung, dem aber der Betriebsrat nicht zustimmte: „Im vorliegenden Falle handelt es sich um einen alten Kämpfer und aktiven SS-Mann, der im Feuerwehrcorps in unangenehmer Erinnerung steht. Überdies würde die Aufrollung hässlicher Vorgänge bei der Judenverfolgung, an welchen Bach als SS-Mann nicht unerheblich beteiligt war, unangenehme Folgen haben. Die Möglichkeit der Wiedereinstellung solcher im Vordergrund gestandener Männer hat ihre Grenzen. Da in diesem Falle die Grenze erheblich überschritten würde, ist die Betriebsvertretung verpflichtet, den Antrag auf Wiedereinstellung abzulehnen."

Nach Inkrafttreten des „131er Gesetzes" wiederholte Bach seinen Antrag und betonte, dass „ich als Mensch immer einen geraden Weg gegangen bin (zu meinem Pech mit der NSDAP)". Weitere Vorwürfe – unter anderem Trunkenheit im Dienst – kamen hinzu, und der Betriebsrat erbrachte noch die Zeugenaussage des Feuerwehrmannes Arthur Büttgen zum Pogrom 1938. Auch andere städtische Ämter wehrten sich erfolgreich gegen eine Wiederein-stellung Bachs. Auf seiner Todesurkunde aus dem Jahr 1970 ist als zuletzt ausgeübter Beruf „Pförtner" vermerkt.

Der Betriebsrat opponiert – Heinrich Pies

1948 bat der ehemalige, 1902 geborene Oberbrandmeister Heinrich Pies um seine Wiedereinstellung. Zunächst wandte sich der Betriebsrat gegen das Votum des Entnazifizierungsausschusses, der Pies der Kategorie V (unbelastet) zugewiesen hatte. Daraufhin wurde der gelernte Dreher in die Kategorie IV (Mitläufer) eingestuft und nicht wiedereingestellt. Allerdings zog sich die Auseinandersetzung mehr als zehn Jahre hin.

Bei einer Abstimmung im Jahr 1952 lehnten von 96 anwesenden Betriebsratsmitgliedern 64 eine Wiedereinstellung ab, die übrigen enthielten sich. Sein Anwalt betonte, Pies habe sich nur äußerlich auf den Nationalsozialismus eingelassen, und verwies auf dessen Führungsstärke, die ihm bei seinen Untergebenen nicht nur Freunde gemacht hätte. Diese hielten dagegen und betonten seine erniedrigende Menschenbehandlung.

Ein Feuerwehrmann schilderte ihn wie folgt: „Er ließ in jeder Weise erkennen, daß das nationalsozialistische Führerprinzip ihm den Rücken stärkte und nützte es in brutalster Weise aus. Man hatte den Eindruck, daß er nur auf die Äußerung einer Anti-Einstellung lauere. Allmorgendlich mußte der Heil-Hitler-Gruß in vollster Lautstärke bis zu 6 und 7 mal wiederholt werden, sodaß sich aus dem gegenüberliegenden [Benrather] Krankenhaus der Unwille bemerkbar machte. Es ist mit der heutigen Gesellschaftsordnung nicht zu vereinbaren, wenn ein Mensch solchen Charakters noch eine führende Stelle bekleidet."

Ein positives Votum, das sein früherer Chef und mittlerweile der Leiter der Feuerwehr, Ralf Stockmar, auf Wunsch für ihn abgab, half nichts. Die Belegschaft blieb bei ihrer Ablehnung. 1958 klagte Heinrich Pies erfolglos auf Wiedereinstellung. Schließlich einigte man sich drei Jahre später auf einen Vergleich, aber in den Dienst kehrte er nicht zurück und verstarb im Jahr 1986.

Düsseldorfer Feuerwehrmänner in der NS-Zeit (Stadtarchiv Düsseldorf, 025-411-009)

Impressum

Herausgegeben vom Förderkreis
der Mahn- und Gedenkstätte Düsseldorf e.V.

Autorinnen und Autoren:
Hildegard Jakobs
Dr. Benedikt Mauer (Stadtarchiv Düsseldorf)
Anna Schlieck
Immo Schatzschneider

Bildrecherche:
Hildegard Jakobs (Mahn- und Gedenkstätte)
Andrea Trudewind (Stadtarchiv Düsseldorf)

Lektorat:
Hubert Herbort

Konzeption und Gestaltung:
Büro Ullrich, Düsseldorf

Realisierung:
Die Qualitaner, Düsseldorf
Druck: Kettler, Bönen

1. Auflage Düsseldorf 2023

ISBN: 978-3-946595-43-4

Ein gemeinsames Projekt der Mahn- und
Gedenkstätte Düsseldorf, des Stadtarchivs Düsseldorf
und der Feuerwehr Düsseldorf.

Dank:
Mit freundlicher finanzieller Unterstützung des Stadtfeuerwehrverbands Düsseldorf e.V., des Förderkreises der Mahn- und Gedenkstätte Düsseldorf e.V. und der Landeszentrale für Politische Bildung des Landes NRW

Bildnachweise Umschlag
Titel: (Bundesarchiv 183-J15960),
Rückseite (Stadtarchiv Düsseldorf, 1_1_1_8118_0011)